高职高专制药技术类专业系列规划教材

药品生产质量管理

主　编　李存法　陈忠杰
副主编　赵　丽　王文佳
主　审　刘永录　丁向东
参　编　师志海　洪伟鸣
　　　　赵　毅　程　锦

重庆大学出版社

内容提要

本书是依据高等职业教育制药技术类专业教学实践和人才培养的需要,按照高职教育培养高素质技能型专门人才目标的要求,由从事《药品生产质量管理》相关课程的专业教师和行业专家共同编写而成。全书内容共9章,前两章介绍了药品生产管理基础知识和相关法规,后7章对机构与人员,厂房、设施与设备,物料与产品、质量控制与质量保证,文件管理,生产管理,确认、验证与自检等进行重点阐述,本书内容涉及药品生产过程各环节质量管理,力求言简意赅、通俗易懂。

本书可供高职高专化学制药、中药制药、生物制药、药物制剂、药品质量检验等相关专业师生使用,也可作为制药企业岗位培训和继续教育用书。

图书在版编目(CIP)数据

药品生产质量管理/李存法,陈忠杰主编. —重庆:
重庆大学出版社,2016.1
高职高专制药技术类专业系列规划教材
ISBN 978-7-5624-9558-1

Ⅰ.①药…　Ⅱ.①李…②陈…　Ⅲ.①制药工业—工业企业管理—质量管理—高等职业教育—教材　Ⅳ.
①F407.763

中国版本图书馆 CIP 数据核字(2015)第 279297 号

高职高专制药技术类专业系列规划教材
药品生产质量管理
主　编　李存法　陈忠杰
副主编　赵　丽　王文佳
主　审　刘永录　丁向东
策划编辑:梁　涛
责任编辑:陈　力　姜　凤　　版式设计:梁　涛
责任校对:贾　梅　　　　　　责任印制:张　策
*
重庆大学出版社出版发行
出版人:易树平
社址:重庆市沙坪坝区大学城西路 21 号
邮编:401331
电话:(023) 88617190　88617185(中小学)
传真:(023) 88617186　88617166
网址:http://www.cqup.com.cn
邮箱:fxk@ cqup.com.cn(营销中心)
全国新华书店经销
万州日报印刷厂印刷
*
开本:787×1092　1/16　印张:10.25　字数:256 千
2016 年 1 月第 1 版　　2016 年 1 月第 1 次印刷
印数:1—2 000
ISBN 978-7-5624-9558-1　定价:22.00 元

高职高专制药技术类专业系列规划教材

编委会

（排名不分先后，以单位拼音为序）

陈胜发　房泽海　符秀娟　郭成栓　郝乾坤

黑育荣　洪伟鸣　胡莉　　李专法　李荣誉

李小平　林创业　龙凤

任晓燕　宋丽华　孙

王小平　王玉姝

杨军衡　杨俊杰　杨万波　姚

于秋玲　袁秀平　翟惠佐　张　静　张　叶

赵珍东　朱　艳

高职高专制药技术类专业系列规划教材

参加编写单位

（排名不分先后，以单位拼音为序）

安徽中医药大学

安徽中医药高等专科学校

毕节职业技术学院

广东岭南职业技术学院

广东食品药品职业学院

海南医学院

海南职业技术学院

河北化工医药职业技术学院

河南牧业经济学院

河南医学高等专科学校

河南医药技师学院

黑龙江民族职业学院

黑龙江生物科技职业学院

呼和浩特职业学院

湖北生物科技职业学院

湖南环境生物职业技术学院

淮南联合大学

江苏农牧科技职业学院

江西生物科技职业技术学院

江西中医药高等专科学校

乐山职业技术学院

辽宁经济职业技术学院

陕西能源职业技术学院

深圳职业技术学院

苏州农业职业技术学院

天津渤海职业技术学院

天津生物工程职业技术学院

天津现代职业技术学院

潍坊职业学院

武汉生物工程学院

信阳农林学院

杨凌职业技术学院

重庆广播电视大学

淄博职业学院

前　言

　　药品质量直接关系人体健康甚至生命安危,不得有丝毫马虎。药品质量形成是一个复杂的过程。从最初的新药设计研发、临床试验到药品生产过程、药品经营过程,甚至在使用过程中,药品质量都可能受到多种因素的影响,存在设计缺陷、生产缺陷、运输储存不当、不正确使用等多种显现或隐藏的风险。国家推行 GLP,GCP,GMP,GSP,GAP 等质量管理制度的目的就是要对药品生命周期的全过程:药品的研制、生产、流通、使用、广告宣传等所有环节进行依法监管。药品生产质量管理在药品质量管理中起承上启下的作用,必须符合 GMP 的要求。1963年,美国食品药品监督管理局(FDA)以法令形式颁布了世界上第一部药品质量规范:《药品生产质量管理规范》(GMP)。中国从 20 世纪 80 年代开始引入 GMP 概念,1988 年正式颁布GMP,1992 年、1998 年、2010 年先后 3 次进行了修订。本书依照《药品生产质量管理规范》等最新法规资料,重点对机构与人员,厂房、设施与设备,物料与产品,质量控制与质量保证,文件管理,生产管理,确认、验证与自检等关系药品生产质量的内容进行重点介绍。

　　本书由李存法(河南牧业经济学院)、陈忠杰(河南牧业经济学院)担任主编,赵丽(河南牧业经济学院)、王文佳(河南牧业经济学院)担任副主编,师志海(河南农业科学院)、洪伟鸣(江苏农牧科技职业学院)、赵毅(长春职业技术学院)、程锦(盐城卫生职业技术学院)参与了编写。

　　本书编者均有一定的药品生产实践经验,在编写过程中聘请河南牧业经济学院刘永录教授和乾元浩南京生物药厂丁向东厂长对本书内容进行指导与审定,确保了本书编写内容与药品实际生产情况接轨。本书在编写过程中融入了职业教育理念与思路,参考了同行专家相关文献资料,同时得到重庆大学出版社的大力支持,在此,编者表示衷心感谢。

　　由于编者水平有限,教材内容难免有疏漏和不当之处,恳请各位专家、学校师生及广大读者批评指正。

编　者
2015 年 10 月

目 录 CONTENTS

第1章　药品管理概论 ·· 1
　1.1　药　品 ·· 2
　1.2　药品管理相关法规 ·· 4
　1.3　药品监督管理组织 ·· 9
　【本章小结】 ··· 12
　【复习思考题】 ·· 12

第2章　药品生产质量管理规范 ·· 13
　2.1　质量管理 ··· 14
　2.2　GMP 的产生与发展 ··· 21
　2.3　GMP 概述 ··· 25
　【本章小结】 ··· 29
　【复习思考题】 ·· 29

第3章　机构与人员 ··· 30
　3.1　组织机构 ··· 31
　3.2　关键人员 ··· 33
　3.3　人员培训 ··· 36
　3.4　人员卫生 ··· 38
　【本章小结】 ··· 40
　【复习思考题】 ·· 41

第4章　厂房、设施与设备 ·· 42
　4.1　厂房与设施 ·· 43
　4.2　设　备 ·· 54
　【本章小结】 ··· 61
　【复习思考题】 ·· 62

第5章　物料与产品 ··· 63
　5.1　概　述 ·· 64
　5.2　物料与产品标识 ·· 67
　5.3　物料与产品管理 ·· 71
　【本章小结】 ··· 79

【复习思考题】 ·· 80

第6章 质量控制与质量保证 ··· 81

6.1 质量控制实验室管理 ·· 82

6.2 物料和产品放行 ·· 88

6.3 变更控制 ·· 95

6.4 偏差处理 ··· 100

6.5 纠正措施和预防措施 ··· 103

6.6 供应商的评估和批准 ··· 106

6.7 产品质量回顾与持续稳定性考察 ······························· 111

6.8 投诉与不良反应报告 ··· 116

【本章小结】 ·· 119

【复习思考题】 ·· 119

第7章 文件管理 ·· 120

7.1 文 件 ··· 121

7.2 质量标准管理 ··· 124

7.3 工艺规程管理 ··· 126

7.4 批生产记录管理 ··· 129

7.5 批包装记录管理 ··· 130

7.6 操作规程管理 ··· 131

【本章小结】 ·· 133

【复习思考题】 ·· 133

第8章 生产管理 ·· 134

8.1 生产管理概述 ··· 135

8.2 生产准备阶段的管理 ··· 136

8.3 生产过程的管理 ··· 137

8.4 清场阶段的管理 ··· 143

【本章小结】 ·· 144

【复习思考题】 ·· 145

第9章 确认、验证与自检 ··· 146

9.1 确认和验证 ··· 147

9.2 自 检 ··· 153

【本章小结】 ·· 155

【复习思考题】 ·· 155

参考文献 ·· 156

第1章 药品管理概论

📖【学习目标】

1. 掌握药品的概念、药品管理法主要内容。

2. 熟悉药品管理相关法规、中国药品监督管理体制。

3. 掌握假药、劣药的定义。

案例导入

二甘醇药害事件

二甘醇：$C_4H_{10}O_3$，$HO—CH_2—CH_2—O—CH_2—CH_2—OH$，具有无色、无臭、透明、吸湿性的黏稠液体，有辛辣的甜味，无腐蚀性，低毒。沸点245 ℃，熔点-6.5 ℃，凝固点-10.45 ℃，相对密度1.118 4，易溶于水、醇、丙酮、乙醚、乙二醇等其他极性溶剂。二甘醇是工业用溶剂，常用于汽车防冻液等。

1937 年，人们发现了磺胺这一神奇的药物，认为它能治疗任何感染性疾病，当时广泛用于治疗咽部感染。为改善磺胺的溶解性，美国药师瓦特金斯用二甘醇代替酒精做溶媒，配制色、香、味俱全的口服液体制剂，称为磺胺酏剂，供小儿服用。磺胺酏剂未做动物实验，在美国田纳西州的马森吉尔药厂投产后进入市场，当时的美国法律是完全许可的，被称为万能磺胺，用于治疗感染性疾病。1937 年9—10 月，美国南方一些地方开始发现患肾功能衰竭的病人大量增加，共发现358 名病人，死亡107 人。究其原因系甜味剂二甘醇在体内氧化为草酸中毒所致。磺胺酏事件是20 世纪影响最大的药害事件之一，促使美国《联邦食品、药品和化妆品法案》修改完善，对西方药学产生了重大影响。

1990 年1 月到1992 年12 月，孟加拉国达卡地区的一家医院收治了339 名不明原因的儿童肾衰竭病人，其中236 名死亡。经调查，这些孩子大多数都服用了一种退热净酏剂。这种退热净酏剂在生产过程中，厂家使用了比较便宜的二甘醇代替丙二醇。

1995—1997 年，海地一家医药公司使用被二甘醇污染的原料制成退烧药，导致80 多名孩子因肾衰竭死亡。

1998 年，印度某村镇发现有36 名6 岁以下的儿童肾功能严重衰竭，最后有33 名儿童死亡。他们中大多数不足2 岁，最小的才两个月。调查发现，这些孩子都服用了一种止咳糖浆，而这种止咳糖浆中被检测出含有17.5%的二甘醇。

2006年,巴拿马有一百多名高血压糖尿病病人服用二甘醇污染的药物后死亡。

2006年4月,齐齐哈尔第二制药有限公司使用假原料生产"亮菌甲素注射液",造成多人严重不良反应,导致多名重症肝病病人突然出现急性肾功能衰竭,其中13人死亡。齐齐哈尔第二制药有限公司在购买药用辅料丙二醇用于亮菌甲素注射液生产时购入了工业用溶剂"二甘醇",假冒药用溶剂"丙二醇"投料生产。

药品是人民群众防病治病、康复保健的特殊商品。药品质量直接关系人体健康和生命安危,各国政府以及广大民众都对此极为关注。国家综合利用法律、行政、经济等手段,建立统一、高效的药品监管体系,对药品进行全面监督管理是世界各国通行的惯例。新中国成立以来,我国先后制定并实施了一系列药品监督管理的规定,建立了各级药政、药检机构。1985年,中国第一部《药品管理法》颁布实施,从此药品监督管理工作进入法制化的轨道。保证药品质量是国家、社会、企业、公民共同的责任。最新修订版《药品管理法》于2015年4月24日起施行,对加强药品监督管理、保障药品质量和用药安全意义重大。

1.1　药　品

《中华人民共和国药品管理法》(简称《药品管理法》)规定:"药品,是指用于预防、治疗、诊断人的疾病,有目的地调节人的生理机能并规定有适应证或者功能主治、用法和用量的物质,包括中药材、中药饮片、中成药、化学原料药及其制剂、抗生素、生化药品、放射性药品、血清疫苗、血液制品和诊断药品等。"

对药品定义的理解应强调以下两个方面:

①《药品管理法》管理的是人用药品。这与日本、美国、英国等许多国家的药事法、药品法对药品的定义不同。如美国《联邦食品、药品化妆品法案》将药品定义为用于诊断、治疗、缓减、预防人或动物的疾病的物质(不是食物),有目的地调节人或动物的生理机能(例如用于减肥的物质),定义包括了人用药和兽用药。

②药品是有目的地调节人的生理机能并规定有适应证或者功能与主治、用法和用量的物质。这就与保健品、食品区别开来,因为保健品、食品的使用目的显然与药品不同,使用方法也不同。药品包括中药材、中药饮片、中成药、化学原料药及其制剂、抗生素、生化药品、放射性药品、血清疫苗、血液制品和诊断药品等,除特殊规定外,上述所有种类药品的生产都应符合《药品生产质量管理规范》(GMP)的要求,都要置于《药品管理法》监督管理范围。

1.1.1　药品的特殊性

药品以货币交换的形式到达患者手中,所以它也是一种商品;药品以治病救人为目的,是特殊商品。药品的特殊性表现在以下4个方面:

1）药品品种的多样性

目前,世界上有中药材 8 000 余种,药物制剂 20 000 余种。中国有中药制剂 5 000 多种,西药制剂 4 000 多种,共有各种药物制剂近万种。药品使用要对症治疗,要正确选择适合病人需要的药品,稍有不慎,选错、用错药品将会造成严重后果。处方药只有通过医师的检查诊断,凭医师处方销售、购买和使用。非处方药必须根据病情,按照药品说明书、标签的说明使用或在药师指导下购买和使用。

2）药品的两重性

药品的两重性是指药品有防病治病的一面,也有不良反应的另一面。药品管理有效,使用得当,可以达到治病救人的目的,反之,则可危害人体健康甚至致命。比如链霉素,使用得当可以抗菌治病,使用不当会导致永久性耳聋;又如杜冷丁,它是一种镇痛良药,管理不善,使用不当会使病人成瘾。

3）药品质量的隐蔽性

检查药品的质量,需要由药品检验机构的专业技术人员采用特殊的仪器、设备和方法,依照法定的标准进行测试方可知道质量的好坏。人们一般难以用肉眼去识别药品质量的优劣。这给鉴别药品质量增加了很大的难度,药品质量有隐蔽性。

4）药品检验的局限性

《药品管理法》规定:"药品必须符合国家药品标准。"国家药品标准是保证药品质量和划分药品合格与不合格的唯一依据。只有符合质量标准的合格品才能保证疗效,允许销售,否则不得销售。药品出厂都要有检验合格证,但由于药品检验是破坏性的,不能实施每品必检,只能按生产批次随机抽取少量样品进行检验,以此结果代表整批药品的质量。由于药品检验项目的局限性,从严格意义上讲,成品抽检合格不能代表整批药品质量合格,只有药品生产过程各环节全部合格,药品质量才能合格。

1.1.2　药品的质量特性

质量特性是指产品、过程或体系与要求有关的固有特性。药品的法律定义规定了药品必须满足的需求,药品质量特性是指药品与满足预防、治疗、诊断人的疾病,有目的地调节人的生理机能的要求有关的固有特性。

药品的质量特性表现在以下 4 个方面:

1）有效性

有效性指在规定的适应证、用法和用量的条件下,能满足预防、治疗、诊断人的疾病,有目的地调节人的生理机能的要求。我国对药品的有效性分为"痊愈""显效""有效"。国际上有的采用"完全缓解""部分缓解""稳定"来区别。药品有效性是一个相对概念。

2）安全性

安全性指按规定的适应证和用法、用量使用药品后,人体产生毒副作用反应的程度。大多数药品均有不同程度的毒副反应,因此,只有在衡量有效性大于毒副反应,或可解除、缓解毒副作用的情况下才使用某种药品。假如某物质对防治、诊断疾病有效,但是对人体有致癌、致畸、致突变的严重损害,甚至致死,则不能作为药品。新药审批要求提供急性毒性、长期毒性、致畸、致癌、致突变等数据就是出于药品安全性考虑。

3)稳定性

稳定性指在规定的条件下保持其有效性和安全性的能力。规定的条件是指在规定的有效期内以及生产、贮存、运输和使用的条件。

4)均一性

均一性指药物制剂的每一单位产品都符合有效性、安全性的规定要求。批是指经一个或若干加工过程生产的、具有预期均一质量和特性的一定数量的原辅料、包装材料或成品。同一批药品应在同一生产周期中生产出来,具有同一性质和质量,每一生产"批"的要素在于它的均一性。药品质量具有均一性,抽样、留样才有代表性。

1.1.3　药品批准文号

药品批准文号是药品注册管理的一项重要内容,是区别药品与非药品的主要依据和标志。药品批准文号格式为:国药准字+1 位字母+8 位数字,如国药准字 H36024069。

1 位字母的含义:化学药品使用字母"H",中药使用字母"Z",保健药品使用字母"B",生物制品使用字母"S",体外化学诊断试剂使用字母"T",药用辅料使用字母"F",进口分装药品使用字母"J"。

化学药品:国药准字 H ＊＊＊＊＊＊＊＊

中 成 药:国药准字 Z ＊＊＊＊＊＊＊＊

生物制品:国药准字 S ＊＊＊＊＊＊＊＊

保健药品:国药准字 B ＊＊＊＊＊＊＊＊

体外化学诊断试剂:国药准字 T ＊＊＊＊＊＊＊＊

药用辅料:国药准字 F ＊＊＊＊＊＊＊＊

1.2　药品管理相关法规

《药品管理法》实施以来,国家颁布了一系列药品监督管理法规和规章,形成了以药品管理法为母法、一系列的法规规章为子法的药品监督管理法规体系。

1.2.1　药品管理法

《药品管理法》是国家依法管药的"基本法",是药品监督管理法律法规体系的核心。1985年,中国第一部《药品管理法》颁布实施。最新修订版《药品管理法》于 2015 年 4 月 24 日起施行,对加强药品监督管理,保障药品质量,维护人体健康和用药安全意义重大。《中华人民共和国药品管理法实施条例》是《药品管理法》的配套法规。从事药品研制、生产、经营、使用和监督管理的单位或个人必须严格遵守《药品管理法》的各项规定,规范自身行为,确保药品质量。

新版《药品管理法》共有十章一百零四条,第一章总则;第二章药品生产企业管理;第三章药品经营企业管理;第四章医疗机构的药剂管理;第五章药品管理;第六章药品包装的管理;第七章药品的价格和广告管理;第八章药品监督;第九章法律责任;第十章附则。《药品管理法》主要内容如下:

1)立法宗旨和适用范围

《药品管理法》第一条规定:"为加强药品监督管理,保证药品质量,保障人体用药安全,维护人民身体健康和用药的合法权益,特制定本法。"

《药品管理法》第二条规定:"在中华人民共和国境内从事药品的研制、生产、经营、使用和监督管理的单位或者个人,必须遵守本法。"

第一条是对立法宗旨的规定,是药品管理法的核心问题,也是国家制定药品管理法的根本目的。药品管理法适用的对象是与药品有关的各个环节和主体,包括药品的研制者,生产者、经营者和使用者,以及具有药品监督管理的责任者。药品监督管理的责任者必须遵守本法,不能凌驾于法律之上,应做到有法必依、严格执法。

2)我国药品监督管理体制

《药品管理法》第五条规定:"国务院药品监督管理部门主管全国药品监督管理工作。国务院有关部门在各自的职责范围内负责与药品有关的监督管理工作。省、自治区、直辖市人民政府有关部门在各自的职责范围内负责与药品有关的监督管理工作。国务院药品监督管理部门应当配合国务院经济综合主管部门,执行国家制定的药品行业发展规划和产业政策"。该条规定了我国药品监督管理体制。主管全国药品监督管理工作的是国务院药品监督管理部门,即国家食品药品监督管理局(SFDA)。国务院有关部门是指:卫生部、科技部、国家中医药管理局、国家工商行政管理局等。省、自治区、直辖市人民政府的药品监督管理部门即省级药品监督管理局。

《药品管理法》第六条规定:"药品监督管理部门设置或者确定的药品检验机构,承担依法实施药品审批和药品质量监督检查所需的药品检验工作。"该条规定了药品检验机构的设置和法定职责。药品检验机构是我国药品监督管理体系的重要组成部分,是在药品监督管理部门领导下执行国家对药品质量监督、检验的法定性专业技术机构。药品检验机构的法定任务是,承担依法实施药品审批和药品质量监督检查所需的药品检验工作。

3)药品全面监督管理

《药品管理法》规定了生产、经营药品和医疗机构配制制剂的许可证制度。从事药品研究、生产、经营的单位,都必须依法取得认证,并且要严格遵循《药物非临床研究质量管理规范》《药物临床试验质量管理规范》《药品生产质量管理规范》《药品经营质量管理规范》。国家对麻醉药品、精神药品、医疗用毒性药品、放射性药品实行特殊管理。新发现和从国外引种的药材必须经批准,方可销售。对进口药品实行法定检验,未经检验合格的不准进口。

《药品管理法》第四十八条的规定,禁止生产包括配制、销售假药。有下列情形之一的,为假药。药品所含成分与国家药品标准规定的成分不符的;以非药品冒充药品或者以他种药品冒充此种药品的。有下列情形之一的药品,按假药论处:

①国务院药品监督管理部门规定禁止使用的。

②依照本法必须批准而未经批准生产、进口，或者依照本法必须检验而未经检验即销售的。

③变质的。

④被污染的。

⑤使用依照本法必须取得批准文号而未取得批准文号的原料药生产的。

⑥所标明的适应证或者功能主治超出规定范围的。

《药品管理法》第四十九条的规定，禁止生产、销售劣药。药品成分的含量不符合国家药品标准的，为劣药。有下列情形之一的药品，按劣药论处：

①未标明有效期或更改有效期的。

②不注明或者更改生产批号的。

③超过有效期的。

④直接接触药品的包装材料和容器未经批准的。

⑤擅自添加着色剂、防腐剂、香料、矫味剂及辅料的。

4）法律责任

《药品管理法》的"法律责任"一章规定了行政处罚和刑事处罚，强调对制售假劣药品等违法行为加大处罚、打击力度；明确了药品监督管理部门对涉嫌生产、经营假药、劣药的行政强制措施；建立处方药与非处方药分类管理制度；进一步加强对药品广告的管理，禁止处方药在大众媒体进行广告宣传；同时，对药品审批、药品价格、药品回扣等问题也作出了相应的规定。《药品管理法》还对药品监督管理部门和人员的执法行为作出了明确规定，并强化了药品检验机构及人员的责任，规范了药品监督检验收费的管理。

《药品管理法》规定，药品生产企业必须进行《药品生产质量管理规范》认证，对认证合格的药品生产企业要进行认证后的跟踪检查。药品生产企业未按照规定实施《药品生产质量管理规范》的，给予警告，责令限期改正；逾期不改正的，责令停产、停业整顿，并处五千元以上二万元以下的罚款；情节严重的，吊销《药品生产许可证》。

1.2.2 六个质量管理规范文件

药品质量管理是一个系统工程，从药品研制开始，经过生产、经营、使用、最后是药品上市后的再评价。这5个阶段互相联系、组成药品生命周期。只有这5个阶段的质量都能得到可靠的保证，药品的质量才能万无一失。

SFDA参照国际惯例，结合国情，对药品在这5个阶段的质量管理，制定了一系列法规性文件，包括《药物非临床研究质量管理规范》（GLP）、《药物临床试验质量管理规范》（GCP）、《中药材生产质量管理规范》（GAP）、《药品生产质量管理规范》（GMP）、《医疗机构制剂配制质量管理规范》、《药品经营质量管理规范》（GSP）。

药品的质量保证开始于新药的研制开发，这一阶段主要开展化学研究、药学研究和毒理学研究。国家加强药品研究的监管，在药品研究单位开展GLP认证制度以保证不断提高药品研究的质量和水平，确保上市药品的安全有效。临床研究是指以人（包括病人或健康者）作为受试对象，在一定条件的控制下，科学地考察和评价该药对特定疾病的治疗（或预防、诊断）的有效性和安全性的过程。新药临床研究分为四期,这是药物开始进入人体的研究,必须严格执行GCP。临床试验结束取得新药证书后,进入试生产阶段。企业只有通过 GMP 认证才能生产新药。试生产结束经批准转正后按照 GMP 要求组织生产。GMP 适用于药品制剂生产的全过程、原料药生产中影响成品质量的关键工序。GAP 则适用于中药材的种植、加工和生产等过程。经营企业要按照 GSP 的要求从事药品经营管理活动。药品上市后,药品的安全性监测应遵守《药品不良反应报告和监测管理办法》。

1.2.3　药品注册管理办法

《药品管理法》规定,生产新药必须经药品监督管理部门批准,并发给批准证书和文号;仿制药品也要按有关规定程序进行申报。新药是指未曾在中国境内上市销售的药品。《药品注册管理办法》明确规定:"新药申请是指未曾在中国境内上市销售药品的注册申请,已上市药品改变剂型、改变给药途径的,按照新药管理。"这些规定指明新药管理范畴包括:国内外均未曾上市的创新药(新的化合物、首次作为药用的物质),国外已上市但国内未曾上市的药品(习惯上称为仿制药品),新的复方制剂和已上市药品改变剂型的、改变给药途径者。

2002 年 10 月,国家食品药品监督管理局发布《药品注册管理办法》,于 2002 年 12 月 1 日施行。《药品注册管理办法》共十八章二百零八条。第一章总则;第二章药品注册的申请;第三章药物的临床前研究;第四章药物的临床研究;第五章新药的申报与审批;第六章已有国家标准药品的申报与审批;第七章进口药品的申报与审批;第八章非处方药的申报与审批;第九章药品补充申请的申报与审批;第十章药品的再注册;第十一章新药的技术转让;第十二章进口药品分包装的申报与审批;第十三章药品注册检验的管理;第十四章药品注册标准的管理;第十五章药品注册时限的规定;第十六章复审;第十七章罚则;第十八章附则。

1.2.4　药品生产质量管理规范认证管理办法

为加强药品生产质量管理规范检查认证工作的管理,进一步规范检查认证行为,推动《药品生产质量管理规范(2010 年修订)》的实施,国家食品药品监督管理局组织对《药品生产质量管理规范认证管理办法》进行了修订,自 2011 年 8 月 2 日起施行。国家食品药品监督管理局 2005 年 9 月 7 日《关于印发〈药品生产质量管理规范认证管理办法〉的通知》(国食药监安〔2005〕437 号)同时废止。《药品生产质量管理规范认证管理办法》详见附录。

1.2.5　药品不良反应报告和监测管理办法

《药品不良反应报告和监测管理办法》是我国开展药品不良反应监测工作的重要法律基础,对建立健全药品不良反应报告和监测工作体系,推动药品不良反应报告和监测工作发展,落实药品安全监管责任,保证公众用药安全具有重要的意义。《药品不良反应报告和监测管理办法》共八章六十七条,包括总则、职责、报告与处置、重点监测、评价与控制、信息管理、法律责任和附则,自 2011 年 7 月 1 日起施行。《药品不良反应报告和监测管理办法》明确了省以下监管部门和药品不良反应监测机构的职责,规范了报告程序和要求,增加了对严重药品不良反应、群体药品不良事件调查核实评价的要求,增加了药品重点监测的要求,并对生产企业主动开展监测工作提出更明确和更高的要求。

《药品不良反应报告和监测管理办法》强调加强基层药品不良反应监测机构和监测能力建设,提升药品不良反应信息的收集、报告、分析、评价和处理能力;建立健全药品不良反应监测工作的制度和程序,细化监测工作的实施细则、操作流程和工作标准,提高监测工作的制度化、规范化和科学化水平;与卫生行政部门密切协调与合作,加强药品群体不良事件的报告、调查、处理等工作,确保工作有力、有序、有效,提升药品安全预警能力和水平。

《药品不良反应报告和监测管理办法》要求药品生产、经营企业和医疗机构主动监测、报告、分析和评价药品不良反应,特别是药品生产企业应主动加强药品不良反应监测工作,积极采取风险管理措施,控制药品风险。

1.2.6 药用辅料生产质量管理法规

为加强药用辅料的监督管理,保证和提高药用辅料的质量,国家食品药品监督管理局于2005年6月21日印发关于药用辅料注册申报资料要求的函(食药监注函〔2005〕61号),对药用辅料的注册、生产、进口、使用以及进行相关药用辅料注册检验、监督管理等进行了系统的规定。2006年3月28日,《药用辅料生产质量管理规范》的颁布实施,促使药用辅料按质量规范进行生产和管理,从根本上改善了辅料的生产环境,提高了产品质量,逐步实现与国际接轨。

2012年8月1日国家食品药品监督管理局发布《加强药用辅料监督管理的有关规定》,明确了药品生产企业、药用辅料生产企业、监管部门各自的职责,明确了药用辅料的监管模式,设立了信息公开、延伸监管、社会监督等工作机制。强调药品制剂生产企业必须保证购入药用辅料的质量;药用辅料生产企业必须保证产品的质量;对药用辅料实施分类管理,新的药用辅料和安全风险较高的药用辅料实行许可管理(企业生产许可和产品注册许可),其他辅料实行备案管理(企业备案和产品备案)。药品监督管理部门加强药用辅料生产全过程监管,监管重点之一就是监督其生产是否符合《药用辅料生产质量管理规范》。

1.2.7 药包材质量管理法规

我国药包材质量管理较为滞后,大部分药包材生产企业规模较小,生产条件和检验能力较差,生产和质量管理的机构、制度不健全,专业技术人员和管理人员相对缺乏,这些问题严重影响了药包材的质量。为加强药包材监督管理,保证其质量,国家食品药品监督管理局于2004年7月20日颁发《直接接触药品的包装用材料和容器管理办法》(局令第13号),规定自公布之日起执行。办法对药包材的注册、注册检验、补充申请、监督检查、法律责任等进行了明确的规定,同时以附件的形式发布《药包材生产现场考核通则》,作为药包材生产质量管理的基本准则。2006年6月30日国家食品药品监督管理局又发布了《关于进一步加强药包材监督管理工作的通知》(国食药监注〔2006〕306号),加强药包材生产环节、使用环节监管和药包材质量监督工作。

其他有关药品监督管理法规如《麻醉药品管理办法》《精神药品管理办法》《医疗用毒性药品管理办法》《处方药与非处方药分类管理办法》等,这里不再赘述。

1.3　药品监督管理组织

为确保人民用药安全有效,国家药品监督管理部门根据国家法律赋予的权力和职责,综合运用法律、行政和技术手段,对药品实行全过程、全方位的监督管理,对促进我国医药事业的健康发展具有重要意义。

1.3.1　药品监督管理组织体系

1)药品监督管理行政机构

①国家药品监督管理部门。
②省、自治区、直辖市药品管理部门。
③市药品监督管理机构。
④县药品监督管理机构。

2)药品监督管理技术机构

①药品检验机构。包括中国药品生物制品检定所,省、自治区、直辖市药品检验所,市、县药品检验所,口岸药品检验所等。
②SFDA直属技术机构。包括药品审评中心、药品评价中心、药品认证管理中心、国家药典委员会等。

1.3.2　部门职能

1)国家药品监督管理部门职能

国家药品监督管理部门即SFDA,负责对药品(包括中药材、中药饮片、中成药、化学原料及其制剂、抗生素生化药品、生物制品、诊断药品、放射性药品、麻醉药品、毒性药品、精神药品、医疗器械、卫生材料、医药包装材料等)的研究、生产、流通和使用进行监督。其主要职能如下:

①执行《药品管理法》《药品管理法实施条例》及相关行政法规。制定有关药品监督管理的规章,制定具体实施办法及措施。

②制定、修订和颁布国家药品标准,包括《中华人民共和国药典》、药品注册标准和其他药品标准。

③主管国家药品注册管理工作,负责对药品临床研究、药品生产和进口的审批。审定并发布处方药和非处方药目录;批准并发布中药保护品种;制定并发布国家基本药物目录。组织开展药品的再评价、不良反应监测,决定淘汰药品品种。

④制定、修订《药品生产质量管理规范》《药品经营质量管理规范》并组织实施;核发《药品生产质量管理规范认证证书》《药品经营质量管理规范认证证书》。

⑤与有关部门共同制定、修订《药物非临床研究质量管理规范》《药物临床试验质量管理

规范》，并组织实施；审定临床试验基地、临床药理基地。

⑥对药品研制、生产、流通、使用、广告进行监督；实施药品监督抽查检验，发布药品质量公报；对违法行为追查其法律责任，决定行政处罚；指定药检所对规定品种进行销售前和进口前检验。

⑦对麻醉药品、精神药品等特殊管理药品的研制、生产、流通、使用进行监督；核发麻醉药品、精神药品《进口准许证》和《出口准许证》。

⑧组织药品质量管理方面的国际交流，承办有关国际合作事项。组织培训药品监督管理干部。

2）省、自治区、直辖市药品监督管理部门职能

①在辖区内执行《药品管理法》《药品管理法实施条例》及相关的行政法规、规章。

②核发《药品生产许可证》《药品经营许可证》《医疗机构制剂许可证》；组织 GMP、GSP 认证；对新药和已有国家标准药品的申报资料进行形式审查，组织对研制情况及条件进行现场考察，对试制的样品进行检验。

③对辖区内药品生产、经营、使用进行监督抽验。

④审批药品广告，核发药品广告批准文号。

⑤对辖区内违反《药品管理法》及相关法规的行为进行调查，决定行政处罚。

⑥实施执业药师资格制度，组织辖区内执业药师资格考试、注册、发证、培训等工作。

⑦领导省以下药品监督管理机构，组织培训辖区内的药品监督管理干部。

3）药品检验机构职能

（1）中国药品生物制品检定所主要职能

中国药品生物制品检定所是国家检验药品生物制品质量的法定机构和最高技术仲裁机构。主要职能：

①负责全国药品、生物制品和进口药品、生物制品的检验和技术仲裁。

②承担全国药品、生物制品和进口药品、生物制品的抽验工作，提供国家药品质量公报所需的技术数据和分析报告。

③承担国家药品、生物制品标准的技术审核、修订或起草工作；承担一类新药、新生物制品和进口药品、生物制品的质量标准和有关技术复核工作。

④负责药品、生物制品检定用标准物质，包括标准品、对照品、特殊试剂、药材对照品等的研制、标化和分发。

⑤负责生产用菌毒种、细胞株和医用标准菌株的收集、审核、保存和发布。

⑥开展与药品、生物制品的检定方法、质量、质量标准、标准物质以及与药品、生物制品安全性、有效性有关的科研工作；组织、制订、实施全国药品检验科技发展规划。协助国家药品监督管理局进行科技项目的管理等工作。

⑦指导全国药品检验所及生物制品研究、生产单位检验部门的业务技术工作，协助解决技术疑难问题，培训技术和管理人员。

⑧负责省、自治区、直辖市药品检验所和口岸药品检验所实验室认证的组织工作及业务管理的标准化、科学化工作。

⑨综合上报和反馈药品质量情报信息。

⑩负责国家药品监督管理局所指定的医疗器械的质量检定和标准的审核工作。

⑪开展药品、生物制品检定和研究用实验动物标准化工作。

（2）省、自治区、直辖市药品检验所主要职能

①负责本辖区的药品生产、经营、使用单位的药品检验和技术仲裁。

②草拟本辖区药品抽验计划，承担抽验计划分工的抽验任务，提供本辖区药品质量公报所需的技术数据和质量分析报告。

③承担部分国家药品标准的起草、修订任务及新药技术初审、药品新产品及医院新制剂审批的有关技术复核工作。

④承担药品质量的认证工作。

⑤承担部分国家标准品、对照品的原料初选和中国药品生物制品检定所委托的协作标定工作。

⑥开展药品检验，药品质量等有关方面的科研工作，参与全国性有关药品检验的科研协作。

⑦指导本辖区药品检验所及药品生产、经营、使用单位质量检验机构的业务技术工作，协助解决技术疑难问题，培训有关的技术和管理人员。

⑧综合上报和反馈药品质量情报信息。

⑨执行省级药品监督管理部门交办的有关药品监督任务。

4）SFDA 直属药品技术管理机构职能

（1）国家食品药品监督管理局药品审评中心

药品审评中心是国家药品监督管理局药品注册管理的技术审评机构，为药品注册管理的科学化、规范化提供技术支持，负责按照《药品注册管理办法》等规章对有关药品注册申请进行技术审评。

（2）国家食品药品监督管理局药品评价中心

评价中心负责国家基本药物目录制定、调整的技术业务组织工作及其相关工作；负责非处方药目录制定、调整的技术业务组织工作及其相关工作；负责药品试生产期及上市后的再评价和药品淘汰筛选的技术业务组织工作及其相关工作；负责全国药品、医疗器械产品不良反应监测的技术业务组织工作及其相关工作。

（3）国家食品药品监督管理局药品认证管理中心

①参与制定和修订《药物非临床研究质量管理规范》《药物临床试验质量规范》《药品生产质量管理规范》《中药材生产质量管理规范》《药品经营质量管理规范》和《医疗机构药剂质量管理规范》及其相应的管理办法；组织与6个规章相关单位、企业的管理人员和技术人员的培训。

②组织对药品研究机构、生产企业、经营企业和医疗机构实施现场检查认证工作。

③承办药品认证检查员的培训、考核和聘任，以及省级药品监督管理部门的药品认证管理人员培训的具体工作；负责《药品认证公告》发布的具体工作。

④开展药品认证的国内、国际学术交流活动；承办国际间药品认证互认的具体工作。

（4）国家药典委员会

中华人民共和国药典委员会（The Pharmacopoeia Commission of the People's Republic of China，简称国家药典委员会），成立于1950年，是我国最早成立的标准化机构。

国家药典委员会是我国药品标准化管理的法定机构。国家药典委员会的职责是组织制定和修订《中华人民共和国药典》和药品标准；负责组织制定和修订《中国药典中药彩色图集》《中国药典中药薄层色谱彩色图谱》《中国药品通用名称》《药品红外光谱集》，编著《中国药典临床用药须知》《中国药典注释》等系列丛书，编译中国药典英文版，编辑出版《中国药品标准》杂志等。

国家药典委员会下设执行委员会和各专业委员会。各专业委员会包括中医、医学、中药、化学药品、抗生素、生化药品、放射性药品、血液制品、组织提取药品、病毒制品、细菌制品、体细胞治疗和基因治疗、重组技术制品、体外诊断用生物试剂、制剂和辅料、药品包装、附录等专业委员会。

执行委员会的任务和职责：研究解决药品标准化工作方针政策等重大问题，审定中国药典收载品种的编纂原则，确定国家药品标准的审定原则。负责各专业委员会之间的工作协调和统一。

专业委员会的任务和职责：审议本专业收载品种范围、药品标准制定和修订的有关原则、药品标准的科研计划，对科研工作加以指导并推荐采用成熟的科研成果。审查本专业的药品标准、研究解决本专业药品标准中的问题。

《中国药典》是国家监督管理药品质量的法定技术标准。《中国药典》分为3部：一部为中药；二部为化学药品、抗生素、生化药品、放射性药品以及药用辅料等；三部为生物制品。各部内容主要包括凡例、标准正文和附录3部分，其中附录由制剂通则、通用检测方法、指导原则及索引等内容构成。

・本章小结・

药品是人民群众防病治病、康复保健的特殊商品。由于药品与人们的生命有直接的关系，确保药品质量尤为重要。药品的质量特性包括有效性、安全性、均一性、稳定性。《药品管理法》是实施药品法制化管理的根本大法。SFDA 依据《药品管理法》的规定，制定了一整套药品质量管理规范和制度。国家对药品实行监督管理制度有利于促进药品生产，提高药品质量，有利于保护人民利益和维护国家信誉。《药品管理法》要求对药品生产企业、经营企业和医疗单位配制制剂实行许可证制度，药品生产企业必须进行 GMP 认证。

复习思考题

1. 药品的特殊性表现在哪些方面？

2. 实施药品监督管理的目标是什么？

3. 药品生产管理相关法规有哪些？

4. 我国药品监督管理组织结构是怎样的？

5. 本章案例中磺胺酏事件是由于药品质量管理哪个环节出了问题？

6. 二甘醇药害事件悲剧为什么会重演？

7. 药品与非药品的区别方法有哪些？

8. 如何鉴别假药和劣药？

第2章 药品生产质量管理规范

【学习目标】

1. 熟悉全面质量管理的基本观点和建立质量管理体系的基本要求。
2. 了解 CMP 的产生与发展状况、掌握药品生产质量管理的基本要求。
3. 熟悉 GMP 基本内容。

案例导入

20 世纪最大的药物灾难——"反应停"事件

20 世纪 50 年代后期,联邦德国格仑蓝苏药厂生产了一种声称治疗妊娠反应的镇静药"反应停"。"反应停"出售后的 6 年间,先后在联邦德国、澳大利亚、加拿大、日本以及拉丁美洲、非洲共 28 个国家发现畸形胎儿 15 000 余例。患儿有无肢、短肢、肢间有蹼、心脏畸形等先天性异常,多数呈海豹肢畸形。"反应停"未经过严格的临床试验,生产"反应停"的格仑蓝苏药厂隐瞒了已收到的有关该药毒性反应的一百多例报告。

美国、法国、捷克斯洛伐克等少数国家幸免于难。美国吸取了 1937 年磺胺酏剂事件的教训,没有批准进口"反应停"。当时的 FDA 官员在审查该药时发现缺乏足够的临床试验数据而拒绝进口,从而避免了此次灾难。仅由于私人从国外携药,造成 9 例畸形儿。但此次事件的严重后果在美国引起了不安,激起公众对药品监督和药品法规的关注,并最终导致了国会对《联邦食品、药品和化妆品法》的重大修改,对药品生产企业提出了 3 方面要求:药品生产企业对出厂的药品提供两种证明材料,不仅要证明药品是有效的,而且要证明药品是安全的;药品生产企业要向 FDA 报告药品的不良反应;药品生产企业应实施药品生产质量管理规范。按照修正案的要求,美国国会于 1963 年颁布了世界上第一部 GMP。

质量管理是在质量方面指挥和控制组织的协调活动。质量管理体系是为实现质量管理的方针目标,有效开展各项质量管理活动而建立的管理体系。全面质量管理是全面、全员、全过程的质量管理活动,是质量管理发展到一定阶段的必然要求。随着管理思想由单纯重视产品质量转到重视工作过程质量,质量标准由设计者、制造者、检验者认可转向市场和用户认可,一些成熟、先进的管理所具有的代表性给质量管理带来了深刻的变革,从而引发了 ISO 9000 族标准的产生。

药品生产是一项系统工程,涉及许多的技术细节,其中任何一个环节的疏忽,都可能导致生产出劣质药品。因此,必须在药品生产全过程中进行全面质量管理。为确保药品质量万无一失,GMP 对药品生产中影响质量的各种因素提出了一系列基本要求,是药品质量管理体系中的一个重要组成部分。实施 GMP 是药品生产企业推行全面质量管理的具体措施。

2.1　质量管理

2.1.1　质量与质量管理

质量是指一组固有特性满足要求的程度。质量管理是在质量方面指挥和控制组织的协调活动。随着商品生产活动的开展,质量问题逐渐引起人们的重视。商品生产初级(人工生产)阶段,商品质量主要依靠操作者个人技艺和经验来保证,人们首先关注商品的使用价值,一般没有专门的质量检验人员或管理人员,商品质量规格不能完全一致。20 世纪初,工业大规模生产越来越普遍,人们开始重视质量管理,对成品进行全数检查,把合格品与不合格品分开。这种质量管理,实际上只是"事后检验",无法在生产过程中起到预防、控制作用,仅限于从成品里挑出不合格品,防止不合格品出厂,一经发现"不合格品"就是既定事实,很难补救。20 世纪 30 年代,由于产品种类、数量越来越多,有时根本无法进行 100% 的检验,于是开始强调统计管理技术的应用,这一段时期又称为统计质量管理时代。20 世纪 50 年代后,人们发现仅仅凭质量检验和运用统计方法已难以保证和提高产品质量,尤其是那些质量必须 100% 符合要求的产品(如药品等)必须进行严格控制,否则就会产生严重不良后果。要想真正保证和提高产品质量还必须考虑过程管理。20 世纪 60 年代初,美国通用电气工程师费根堡姆(A. V. Feigenbaum)和质量管理学家朱兰提出全面质量管理(Total Quality Management,TQM)观念,标志着全面质量管理时代的到来。TQM 提倡以企业为主体,把全体员工组织起来,综合运用管理技术、专业技术与现代化管理方法,努力控制各种因素,提高质量管理水平,以最经济的手段为用户提供满意的商品和服务,并取得良好的社会效益和经济效益。全面质量管理经过几十年的发展,基本融合了现代质量管理思想的精华,形成了一个比较严密完整的质量学说体系。国际标准化组织(International Standardization Organization,ISO)在此基础上制定了一系列质量管理的标准(如 ISO 9000 族标准),从而使质量管理进入了标准化管理阶段。这一阶段的显著特点是质量管理的标准化和国际化。从质量术语到质量管理的体系、环节、方法、要素等都有国际公认的标准。如 ISO 9000 族系列标准中对质量管理的定义是:"确定质量方针、目标和责任,并借助质量体系中的质量策划、质量控制、质量保证和质量改进等手段来实施的全部管理职能的所有活动。"

2.1.2　全面质量管理

1)全面质量管理基本观点

经过长期的实践和总结,人们逐渐掌握质量活动的规律,对全面质量管理的认识也进一步深化。全面质量管理无论在质量管理的观念和思想上,还是管理方法上都有重大发展与突破。美国著名质量管理专家费根堡姆把全面质量管理定义为:"为了能在最经济的水平上、并考虑到充分满足顾客要求的条件下,进行市场研究、制造、销售和服务,把企业各部门的研究质量、维持质量和提高质量的活动构成为一种有效的体系。"从上述定义可以清楚地看出,全面质量管理注重质量保证体系的建设。

全面质量管理的中心思想是:实行全员参与、全方位实施、全过程管理。全面质量管理的意义在于强化质量意识、实施质量控制、提高产品质量、改善产品设计、改进生产流程、改进产品售后服务、提高市场的接受程度、降低经营质量成本、降低现场维修成本、减少经营亏损和减少责任事故等。全面质量管理基本观点包括:

①在"质量控制"(Quality Control)这一短语中,"质量"一词并不具有绝对意义上的"最好"的一般含义。质量是指"最适合于一定顾客的要求"。这些要求是:产品的实际用途,产品的售价;"控制"一词表示一种管理手段,包括四个方面:制定质量标准、评价标准的执行情况、偏离标准时采取纠正措施、制订改善标准的计划。

②影响产品质量的因素可划分为两大类:技术方面的,即机器、材料和工艺;人方面的,即操作者、班组长和公司的其他人员。在这两类因素中,人的因素重要得多。要有效地控制影响产品质量的因素,就必须在生产或服务过程的所有阶段加以控制,这些控制就称为质量管理工作。

③全面质量管理是提供优质产品所永远需要的优良产品设计,加工方法以及负责的产品维修服务等活动的一种重要手段。质量管理贯穿生产过程的所有阶段。质量管理的基本原理适用于任何制造过程。由于企业行业、规模的不同,方法的使用上略有不同,但基本原理仍然是相同的。

④建立质量体系是开展质量管理工作的一种最有效的方法与手段。在组织方面,全面质量管理是上层管理部门的工具,用来委派产品质量方面的职权和职责,以达到既可免除上层管理部门的琐事,又可确保质量成果令人满意。质量管理工作必须有上层管理部门的全力支持,否则,向公司内其他人宣传得再多也不可能取得真正的效果。原则上,总经理应成为公司质量管理工作的"总设计师",同时,公司其他主要职能部门也应促进公司在效率、现代化、质量控制等方面发挥作用。

⑤从人际关系的观点来看,质量管理组织包括两个方面:为有关的全体人员和部门提供产品的质量信息和沟通渠道;为有关的雇员和部门参与整个质量管理工作提供手段。

⑥质量成本控制是衡量和优化全面质量管理活动的一种手段。

⑦在全面质量管理工作中会用到数理统计方法,但是,数理统计方法只是全面质量管理中的一个内容,它不等于全面质量管理。

⑧全面质量管理工作的一个重要特征是从根源处控制质量。例如,通过由操作者自己衡量其成绩来促进和树立其对产品质量的责任感就是全面质量管理工作的积极成果之一。

2)全面质量管理基本工作方法

全面质量管理的基本工作方法是 PDCA 循环。P,D,C,A 指的是全面质量管理的循环工作程序,即计划(Plan)、实施执行(Do)、检查(Check)、处理(Action)。PDCA 按照计划、执行、检查、处理四个阶段顺序进行,是一个从初级向高级循环转动的过程。经过逐次周而复始的转动达到对质量体系的有效管理,获得良好的效率。

(1)计划

PDCA 方法的核心是计划。计划在实施、检查和处理各阶段有其不同的内涵。把握好计划就把握了 PDCA 循环的灵魂,其他阶段的工作也就能顺利有效地展开并达到计划要求的结果。如药品生产企业实施 GMP 计划,首要前提是企业最高管理者对 GMP 有充分理解和掌握,积极参与计划活动并对企业现状全面分析;GMP 要求的基本硬件、软件配置必须给予满足,不可因节约而达不到规范的要求。识别企业特点和运作的主要过程和各关键子过程以及支持性过程,分析这些过程的相互关系和作用是企业建立质量体系的基本路径。换言之,经综合分析所识别的企业生产经营特点及过程之间的相互关系是企业制订质量体系计划的依据。

要建立文件系统、设计不同层次的文件以符合质量体系运行的要求。文件分为 3 个层次:质量方针和质量目标类文件;标准类文件,包括技术标准、管理标准和工作(操作)标准;记录(凭证)类文件以及文件管理控制程序。要根据企业的特点制定文件,强制性法规标准必须直接采用为技术标准性文件。通常情况下,记录(凭证)类文件对标准类文件起支持性作用。要有如何控制文件的程序文件,以确定文件编写、审批、修改、分发、保存、处置等环节的方式和方法。

(2)实施

当总体质量体系计划完毕形成文件后则进入实施阶段。首先应组织员工对体系文件学习理解,培训各相关岗位人员,研究分析实施过程中不可预见因素以及确定对突发性事件将采取的应变措施等。对制药企业来讲,应按循序渐进的原则推进实施,对药品生产、储存、销售以及相关的资源及活动均加以控制。实施过程必须有良好的沟通、交流和信息反馈渠道,以便企业的最高领导者和有关员工都能及时知晓质量体系的建立和运行状况,确保实施顺利进行。

(3)检查

检查环节的重要性体现在为质量体系提供自我完善、持续改进的机制。除对产品检验,检查还包括对人员、质量体系运作情况和各项改进措施的评价、审核和验证等。检查是推动 PDCA 方法不断向前转动的重要环节,应做好以下工作:

①检查计划。检查计划内容主要包括体系、人员和措施。要确定检查的准则、方法以及检查的实施方案。检查准则为相关的要求(如规范、法规、体系文件),也包括顾客的要求。检查方法包括查(记录、档案)、问(与当事负责人交谈)、看(实际操作情况)、收集客观证据,并将其与检查准则对比评价,以获得检查结果。

②体系运行状况的检查。企业最高管理层应每年至少进行一次企业质量体系评审。由各部门准备相关的体系运行情况资料,参加评审会议。对照检查准则评价体系运行是否符合规范要求,是否适合企业运作,是否具备有效性和效率。提出改进的建议和意见,形成决定后落实实施。

③人员的检查。要对企业各层次、各岗位人员的学历、技能、经验等方面的要求进行考核。

要检查培训计划是否制定和实施,通过对培训记录的情况审核评价培训效果;要跟踪受训人员岗位能力状况改善的结果。有条件的企业应结合员工绩效管理考核实施人员的检查。人事教育部门与业务部门和其他职能管理部门要共同确定岗位的工作要求,评定考核准则、员工岗位工作绩效记录和评价方式,通过绩效管理达到提高效率的目的。

(4)处理

处理既是 PDCA 方法的最后一环,也是启动下一轮 PDCA 转动的一环。通常根据检查环节中发现的问题,确定处理的方式和应采取的措施。若在质量体系建立和实施之初,有些症结已表现出来,相关部门应及时采取措施加以解决,而不要坐等下一轮检查再处理。

①查找原因。对在检查或其他环节发现的问题应及时分析并查找原因,特别是查找潜在的、将来可能产生严重问题的原因。为能准确找到真正的原因所在,常使用数理统计技术。要确定改进和预防问题发生的措施并对措施执行情况进行跟踪验证。

②评审。实施措施前需对措施进行评审,确定是否有必要采取这些措施以及措施实施将会给体系的其他程序带来的相关影响。例如,质量问题的不良影响已达企业外部,其措施就必须有达到消除外部不良影响的能力。

③验证。措施的实施应进行验证。实施改进措施,实际上已使原质量体系提升了一个台阶,而验证工作则是对质量体系在新台阶运行状况的分析,为下一个 PDCA 循环的计划提供依据。

总之,企业可通过 PDCA 方法使质量管理工作更上一层楼。在药品生产企业中应用 PDCA 模式推进质量管理工作符合 GMP 的要求。

2.1.3 ISO 9000 质量管理体系

ISO 9000 质量管理体系是运用先进的管理理念以简明标准的形式推出的实用管理模式,是当今世界质量管理领域的成功经验的总结。

1)ISO 9000 族标准

(1)ISO 9000 族标准的产生和发展

世界上最早的质量管理标准是20世纪50年代末在采购军用物资过程中美国颁布的 MIL-Q-9858A《质量大纲要求》。20世纪70年代,美、英、法、加拿大等国先后颁发了一系列质量管理和保证方面的标准。国际标准化组织于1979年成立了质量管理和质量保证技术委员会。1986—1987年,ISO 发布了 ISO 9000 系列标准,它包括 6 项标准:《质量——术语》(ISO 8402);《质量管理和质量保证标准——选择和使用指南》(ISO 9000);《质量体系——设计开发、生产、安装和服务的质量保证模式》(ISO 9001);《质量体系——生产和安装的质量保证模式》(ISO 9002);《质量体系——最终检验和试验的质量保证模式》(ISO 9003);《质量管理和质量体系要素——指南》(ISO 9004)。目前已有 150 多个国家和地区将 ISO 9000 标准等同采用为国家标准。

ISO 质量管理和质量保证技术委员会于 2000 年 12 月 15 日正式发布 2000 版 ISO 9000 族标准,基本内容包括:《质量管理体系基础和术语》(ISO 9000);《质量管理体系要求》(ISO 9001),用以证明组织有能力提供满足顾客要求和适用法规要求的产品,目的是增进顾客满意;《质量管理体系业绩改进指南》(ISO 9004),考虑质量管理体系有效性和效率两个方面的指南,目的是促进组织业绩改进和顾客及其他相关方满意;《质量和(或)环境管理体系审核指南》(ISO 19011)。我国已将此标准等同转化为国家标准2000版GB/T 19000族标准。

(2)质量管理原则和质量管理体系基础

①质量管理原则。ISO 9000族标准确认8项质量管理原则,这8项质量管理原则形成ISO 9000族质量管理体系标准的基础。最高管理者可运用这些原则领导组织改进业绩。这8项质量管理原则是:以顾客为关注焦点;领导作用;全员参与;过程方法;管理的系统方法;持续改进;基于事实的决策方法;与供方互利的原则。

②质量管理体系基础。2000版《质量管理体系基础和术语》(ISO 9000)阐述的质量管理体系基础是以8项质量管理原则为基本理论而总结出的,同时又是制定ISO 9001和ISO 9004标准的总原则。质量管理体系基础包括以下12项:质量管理体系理论;质量管理体系要求和产品要求;质量管理体系方法;过程方法;质量方针和质量目标;最高管理者在质量管理体系中的作用;文件;质量管理体系评价;持续改进;统计技术的作用;质量管理体系与其他管理体系的关注点;质量管理体系与优秀模式之间的关系。

2)建立质量管理体系的基本要求

按照《质量管理体系基础和术语》(ISO 9000)的要求建立质量管理体系是国际标准化组织在传统管理经验的基础上提炼出的一种带有普遍意义的管理模式,是一种科学化、规范化、标准化、国际化的管理方法。建立质量管理体系需要充分考虑工作目标、要求、体系要素、组织结构及资源等。

(1)确定质量管理体系结构

质量管理体系以质量方针为基础,以质量目标为目的,与质量管理体系相适应的组织结构可以有效保证质量管理体系的运行。应完善组织职能,明确职责权限,并形成相关文件,做到职权分配明确,隶属关系清楚,联系渠道顺畅。配备充分的资源是实现质量方针和达到质量目标的重要条件。资源包括人力资源、基础设施、工作环境等。

①质量方针。质量方针是组织的质量宗旨和质量方向,是质量管理体系的纲领,它体现出本组织的目标及顾客的期望和需要。制定和实施质量方针是质量管理的主要职能,在制定质量方针时要满足以下要求:

a.质量方针要与其质量管理体系相匹配,即要与本组织的质量水平、管理能力、服务和管理水平一致。方针内容要与本组织的职能类型和特点相关。

b.质量方针要对质量作出承诺,不能只提些空洞的口号,要反映出顾客的期望。

c.质量方针要集思广益,经过反复讨论修改,然后以文件的形式由最高管理者批准、发布,并注明发布日期。

d.质量方针遣词造句应慎重,要言简意赅,先进可行,既不冗长又不落俗套。

e.质量方针要易懂、易记、便于宣传,要使全体员工都知道、理解并遵照执行。

②质量目标。质量目标是质量方针的具体化,是在质量方面所追求的目的。质量目标应符合以下要求:

a.需要量化,是可测量评价和可达到的指标。

b.要先进合理,起到质量管理水平的定位作用。

c. 可定期评价、调整,以适应内外部环境的变化。

d. 为保证目标的实现,质量目标要层层分解,落实到每一个部门及员工。

③组织机构及职责设计。质量管理体系是依托组织机构来协调和运行的。质量管理体系的运行涉及体系所覆盖的所有部门的各项活动,这些活动的分工、顺序和途径都是通过本组织机构和职责分工来实现的。因此,必须建立一个与质量管理体系相适应的组织结构。为此,需要完成以下工作:

a. 分析现有组织结构,绘制本组织"行政组织机构图"。

b. 分析组织的质量管理层次、职责及相互关系,绘制"质量管理体系组织机构图",释明本组织的质量管理系统。

c. 将质量管理体系的各要素分别分配给相关职能部门,编制"质量职责分配表"。

d. 规定部门质量职责;管理、执行、验证人员质量职责。

e. 明确对质量管理体系和过程的全部要素负有决策权的责任人员的职责和权限。

④资源配置。资源是质量管理体系有效实施的保证。资源配置包括依据标准要求配置各类人员和基础设施,在对所有质量活动策划的基础上规定其程序和方法以及规定工作信息获得、传递和管理的程序和方法等。

(2)编写质量管理体系文件

建立、运行和持续改进质量管理体系要以文件为指导,并以文件为记录和证据。适宜的文件能够使质量管理体系有效运行,可加强沟通和统一行动。质量管理体系文件一般由4个部分组成:质量手册、程序文件、作业指导书、质量记录等。

①质量手册。质量手册是规定组织质量管理体系的文件,质量手册一般应包括质量管理体系范围,形成文件的程序,对质量管理体系主要过程及过程间相互作用的描述。从结构形式上,质量手册包括以下内容:

a. 前言(组织介绍)。

b. 质量手册发布令及管理要求。

c. 管理者代表任命书。

d. 质量管理体系范围。

e. 质量方针和质量目标。

f. 术语和定义。

g. 组织机构及职权。

h. 组织资源配置。

i. 程序文件。

j. 质量管理体系过程的顺序及相互作用的表述。

②程序文件。程序是为进行某项活动或过程所规定的途径。程序文件是由一定的管理部门编制的、规范组织的某些活动的文件。其内容可以概括为8个"何"字:活动或过程的目的和范围如何,做何事和何人做,何时、何地以及如何做,使用何种材料、设备和文件,如何对活动进行控制和记录。

③作业指导书。作业指导书即操作性文件,用于具体指导质量管理工作,例如,员工岗位职责、人员管理办法、过程质量评定办法、行为规范制度、设备管理规定等。

④质量记录。质量记录形成于质量管理体系运行过程中,其作用是证明运行符合规定的

要求,并提供质量管理体系要素已得到实施的证据。对于不满意的结果,质量记录要说明针对不合格项所采取的措施。在质量管理体系策划过程中,应列出所需要的各种质量记录的类型。

(3)内部质量审核

质量管理体系文件编写完成后要经过一段试运行,以检验这些文件的适用性和有效性。组织通过不断协调、质量监控、信息管理、体系审核和管理评审以实现质量管理体系的有效运行。影响质量活动有效性的因素很多,例如,旧的习惯、传统思想、对文件理解偏差等。因此,对程序、方法、资源、人员、过程、记录、产品(服务)连续监控是非常必要的。发现偏离标准的情况,应及时采取纠正措施。内部质量审核(简称内审)可以查明质量管理体系的实施是否符合策划的安排、标准的要求以及组织确定的管理体系的要求,以便及时发现问题,采取纠正或改进措施,使质量管理体系得到有效实施和保持。内审的内容有:

①本组织的质量管理体系文件是否符合标准。

②质量管理体系的组织结构是否与所进行的质量活动相适应。

③有关质量管理的各项制度、办法、程序和作业规范是否确实得到执行。

④人员、设备和材料能否适应质量管理体系要求。

⑤质量文件、报告、记录是否全面、清晰和完整。

内审所发现的不合格项,要及时整改,对不合格项应针对原因采取纠正措施并跟踪验证纠正措施的效果。

(4)管理评审

最高领导者按计划对质量管理体系进行定期管理评审,可以确保其持续的适宜性、充分性和有效性。通过管理评审可以评价质量管理体系是否需要更加完善,从而达到实现组织质量方针和质量目标的要求。管理评审包括:

①实现质量方针、目标的程度,质量指标完成情况及趋势分析,组织结构(包括资源)的适宜性。

②质量管理体系的有效实施情况。

③有关顾客反馈、内部反馈(如内部审核的结果)、过程业绩和服务效果以及采取纠正措施和预防措施的情况,顾客意见和处理情况,主要问题分析和预防措施。

④内审及纠正措施完成情况及有效性的评价,对薄弱环节的专门措施,可能发生问题的趋势,经常发生问题的区域。

⑤质量改进计划,进一步改进、完善质量管理体系的意见。

(5)持续改进

质量改进是一种以追求更好的效果和更高的效率为目标的持续活动,应不断寻求改进的机会,而不是等待出现问题再去纠正。一方面要在本组织内部各层次间寻求改进机会,另一方面最高管理者和各级管理部门要创造良好的质量改进环境,鼓励和带动组织成员改进各自的工作。内部质量审核、顾客反馈、管理评审都可提供质量改进的机会。必要时可增加内审的次数,通过内部质量审核和管理评审等自我改进机制可持续改进质量管理体系。

2.2　GMP 的产生与发展

"GMP"是英文 Good Manufacturing Practice 的缩写,即"优良制造标准"之意。GMP 是一种特别注重在生产过程中对产品质量与卫生安全实施自主性管理的制度。作为药品生产和质量管理的基本准则,GMP 适用于药品制剂生产的全过程和原料药生产中影响成品质量的关键工序。进入 20 世纪后,各国制药行业和药品监督管理部门都在不断探索质量管理科学在药品生产中的应用,对药品生产全过程进行质量控制以保证药品质量。各国在实践中也逐渐摸索总结出了一些规范化的药品生产管理制度,这就是 GMP 的雏形。

2.2.1　GMP 的产生与发展

20 世纪初,制药工业迅速发展,同时也出现了许多药害事件。如在美国出现的一些食品和药品生产不良行为被新闻媒体披露之后,引起了美国公众和政府的高度重视。1906 年,美国颁布《食品、药品和化妆品法案》作为食品、药品管理的基本法实施,从而以法律的形式要求药品必须满足含量和纯度的标准要求,并确定以美国药典(USP)作为判断药品质量、纯度和含量的法律依据。与此同时,美国还建立了"联邦食品药品管理局"(Food and Drug Administration,FDA),作为国家级的药品质量监督管理机构。

1937 年,磺胺酏剂事件发生,美国马森基尔制药公司生产的万能磺胺造成 107 人死亡。为此,富兰克林·罗斯福总统于 1938 年签署通过了《联邦食品、药品和化妆品法案》(修订版)。该法案明确要求所有新药上市前必须通过安全性审查以及禁止出于欺诈目的、在药品标签上作出虚假医疗声明的行为,同时增加了联邦监管的权限。该法案授权食品药品监督管理局对制造商进行检查的权利,并将化妆品和医疗设备置于联邦监管之下。

在此后很长一段时期,FDA 对药品生产和管理尚处在"治标"的阶段,他们把注意力集中在药品的抽样检验上。当时,样品检验的结果是判别药品质量的唯一法定依据。样品按美国药典和美国国家处方集的要求检验合格,即判为合格;反之,则判为不合格。但 FDA 官员在监督管理实践中发现,被抽样品的结果并不都能真实地反映市场上药品实际的质量状况,被抽样品的结果合格,其同批药品的质量事实上可能不符合标准。FDA 为此对一系列严重的药品投诉事件进行了详细的调查。调查结果表明,大多数事故是由于药品生产中的交叉污染所致。1961 年,导致成千上万例畸胎的"反应停"事件震惊世界。当时,"反应停"已在市场流通了 6 年,它未经过严格的临床试验,而生产"反应停"的前联邦德国格仑蓝苏药厂隐瞒了已收到的有关该药毒性反映的一百多例报告。这次灾难波及世界各地,受害人超过 15 000 人。FDA 官员在审查"反应停"药品时发现该药缺乏足够的临床试验数据(如长期毒性试验报告等)而拒绝进口,从而避免了一场灾难。但此药物引起的严重后果激起公众对药品监督和药品法规的普遍关注,导致美国国会对《联邦食品、药品和化妆品法》进行重大修改,对药品生产企业提出了 3 个方面的要求:药品生产企业对出厂的药品提供两种证明材料,不仅要证明药品是有效的,而且要证明药品是安全的;药品生产企业要向 FDA 报告药品的不良反应;药品生产企业应实施药品生产质量管理规范。FDA 于 1963 年颁布了世界上第一部《药品生产质量管理规范》（GMP），要求对药品生产的全过程进行规范化管理，否则产品不得出厂销售。如果制药企业没有按照 GMP 的要求组织生产，生产的全过程达不到"质量保证"，不管样品抽检是否合格，FDA 都有权将这样生产出来的药品视作伪劣药品。

GMP 在药品生产和质量保证中的积极作用逐渐被各国政府所接受，在此后多年的实践中不断完善和发展。WHO 于 1969 年向全世界推荐了 WHO 版 GMP，标志着 GMP 的理论和实践已经开始从一国走向世界。WHO《国际贸易中药品质量认证制度》中明确规定："出口药品的生产企业必须提供有关生产和监控条件，说明生产系统按 GMP 的规定进行。"按照 GMP 要求生产，成为药品进入国际市场的前提，受到各国政府的高度重视。英国、意大利、奥地利、瑞士、瑞典、丹麦、挪威、德国、芬兰等西方发达国家，均在 20 世纪 70 年代制定并推行了适合本国实际的 GMP，从原料投入到成品出厂，从硬件到软件等环节都提出了严格的标准。日本于 1973 年制定 GMP，1980 年制定了实施细则，作为法定标准实行。日本各大制药企业（如武田、盐野义、山之内等）相继制定了本企业更加严格的、标准更高的 GMP。各国政府对实施 GMP 一方面采用引导和鼓励政策，一方面不断研究、改进和提高。美、日、德等国还将 GMP 的推行纳入法制轨道，使药品质量和质量管理的地位得到提高，这也是当今西方国家药品雄踞国际市场的重要原因之一。

20 世纪 70 年代，欧美国家的一些药品生产企业注射剂感染事故引发近千起败血症病例。经 FDA 专家组彻底调查后发现，与败血症案例相关的批并不是由于企业没做无菌检查或违反药事法规的条款将无菌检查不合格的批号投放到了市场，而在于无菌检查本身的局限性、设备或设计建造的缺陷以及生产过程中的各种偏差及问题。问题并不在成品检验上，而是由于对药品生产的灭菌工艺控制不严格，导致产品污染。1976 年，FDA 要求对大输液和小针剂的灭菌工艺进行工艺验证，首次提出了对生产工艺验证的要求。后经多次修订，目前美国实施的 GMP 是 FDA 在 1993 年发布的 cGMP（current Good Manufacturing Practice，cGMP，动态 GMP）。其他各国也相继实施 cGMP，强调现场生产管理要合规。

动态 GMP 不仅体现在质量管理体系的持续改进与自我完善，也体现在对 GMP 各要素、过程、方法的科学运用。例如 GMP 厂房设计和施工的动态监督与评价，药品生产的过程管理和工艺验证，空气洁净度的动态监测等。

GMP 的中心指导思想是：任何药品的质量形成是生产出来的而不是检验出来的。GMP 强调生产过程的全面质量管理，凡能引起药品质量的诸因素均须严格管理；强调生产流程的检查与防范紧密结合，且以防范为主要手段；重视为用户提供全方位及时的服务，要求建立销售档案并对用户的信息反馈加以重视并及时解决。

2.2.2　中国 GMP 发展概况

中国从 20 世纪 80 年代开始引入 GMP 概念，1982 年，中国医药工业公司制订了《药品生产管理规范》（试行稿），在一些制药企业中试行；1984 年原国家医药管理局正式颁布《药品生产管理规范》并在医药行业推行；1988 年卫生部颁布了中国第一部法定的 GMP。1990 年卫生部组织起草了《GMP 实施细则》；后又将 GMP 与《GMP 实施细则》合并，编成《药品生产质量管理规范》修订本（简称 1992 版 GMP），于 1992 年 12 月 28 日颁布实施。

1998 年,我国改革并统一了药品监督管理的机构,组建成立了国家药品监督管理局。国家药品监督管理局吸取 GMP 实践中的经验与教训,颁布了新的《药品生产质量管理规范》(简称 1998 版 GMP),自 1999 年 8 月 1 日起实施,并于 2004 年第一次在全国强制推行。1998 版 GMP 与 WHO 及其他一些国家的 GMP 内容基本一致,重点条款相衔接,初步与国际接轨,又适当考虑了国情。同时参照国际通用做法,将 GMP 内容划分为 GMP 基本原则和对不同类别药品的特殊要求两部分,并将后者作为补充条款列入 GMP 附录。

GMP 的推行抬高了行业门槛,改善了我国药品生产企业整体上生产集中度较低的问题。但医药企业诚信体系不健全、药品质量事故频发等问题还比较突出。中国医药企业及产品在国际上整体处于弱势,一个重要的原因就是药品标准和工艺不被认可,包括《药品生产质量管理规范》不被认可。1998 版 GMP 存在着内容原则化、条款化,指导性和可操作性不足,对软件标准重视不够,个别标准与政策的关联性存在差异等问题。《药品生产质量管理规范(2010 年修订版)》(简称 2010 版 GMP)历经多次修订、两次公开征求意见后正式颁布,于 2011 年 3 月 1 日起正式施行。2010 版 GMP 结合中国国情,吸纳融合了国际先进 GMP 的内容,参照了美国 FDA、欧盟的标准,最明显的特点是强化药品生产过程质量管理。2010 版 GMP 的实施,使我国朝着动态化的 GMP 发展方向迈进了一大步。

2.2.3　2010 版 GMP 主要特点

1)GMP 标准与国际接轨,要求企业诚实守信,禁止任何虚假、欺骗行为

2010 版 GMP 紧跟 WHO 所推荐的 GMP 标准,参照美国、欧盟的标准。在药品生产管理标准升级方面,2010 版 GMP 吸纳融合了国际先进 GMP 的内容,再结合中国国情来编制,在某些方面比美国、欧盟的标准更为严格。

目前,我国已形成较为完备的药品生产供应体系,药品质量状况明显改善,但医药企业不诚实、不守信等问题依然存在。执行 GMP 的基础是诚实守信,即相信企业是诚实守信的。如果在药品 GMP 检查中,发现企业有虚假欺骗行为的,即可判为检查不合格或不通过。GMP 强调对实际生产的指导性、可操作性和可检查性;明确了企业负责人、生产管理负责人、质量管理负责人、质量受权人等各项具体职责;对主要文件(如质量标准、生产工艺规程、批生产和批包装记录等)分门别类提出了编写要求,增大了企业人员违规记录、不规范记录的操作难度。

2)继承了 1998 版 GMP 的合理条款,增加了很多新内容

2010 版 GMP 采用基本要求加附录的框架,包括基本要求(共 14 章、313 条)以及无菌药品、中药制剂、原料药、生物制品和血液制品 5 个附录。1998 版 GMP 中的非无菌药品附录要求合并到基本要求中,中药饮片、放射性药品、医用气体等附录继续使用,暂不修订。因此,企业应执行的 GMP 有 1 个基本要求、5 个新附录和 3 个旧附录。2010 版 GMP 增加的内容很多:1998 版 GMP 共 88 条、2010 版 GMP 共 313 条,同时引入质量风险管理、供应商的审计和批准、变更控制、偏差处理等章节;明确质量受权人、设计确认等一些关键概念,以强化企业对于相关环节的控制和管理等。2010 版 GMP 还增加了术语章节,避免这些术语解释不清造成的执行上的模糊和困难。大多数章节都增加了原则一节,包括附录都增加了总则的内容;强调各章节、附录必须要把握的基本原则。细化了软件要求,对药品生产实施更严格、更细化的管理,在

企业人员能力、资质管理制度和管理措施等方面提出了详细要求;强化药品生产与药品注册以及上市后监管的联系,企业眼光不能仅仅盯着厂区的生产环节,还要密切关注药品安全情况。

3)洁净区级别采用 ISO 国际标准、细化了动态监测指标和方法

2010 版 GMP 与 1998 版 GMP 的重大区别之一是:对无菌制剂企业的要求有很大提高,更加强调生产过程的无菌和净化要求。我国的无菌制剂以前只是强调静态,现在则"静态"和"动态"都要达到要求的标准。比如在生产环境上,1998 版 GMP 中关于洁净区级别百级、万级、十万级、三十万级的说法已经取消;2010 版 GMP 采用 ISO 国际标准将药品生产所需的洁净区分为 A,B,C,D 4 个级别,引入了动态连续监测,要求对洁净区的悬浮粒子、微生物进行动态监测,即在生产过程中的检测。附录无菌制剂部分对无菌药品生产的要求有大幅提高,增加了针对无菌生产风险控制的技术要求,特别强化企业对无菌生产操作、环境控制与检测、灭菌与除菌工艺研究、无菌检测等无菌生产关键环节的管理。

4)GMP 核心是加强药品生产过程质量管理

药品只按照质量标准检验合格,并不能完全地客观地反映药品生产的全过程。药品生产是一个连续的生产过程,一旦发现原料、辅料、半成品、成品不合格,往往会造成很大的浪费,所以单靠原料、辅料、半成品、成品的控制是远远不够的,需要运用全面质量管理进行生产全过程的控制。实施 GMP 是药品生产企业推行全面质量管理的具体措施。药品生产企业只有从原料采购、入库,一直到产品制造、成品出厂全过程实施 GMP 管理,质量才能真正得到保证。因此,必须严格执行原辅料、包装材料、中间体(半成品)、成品质量标准(包括法定标准和企业内控标准),建立原辅材料验收制度,对工艺用水、环境监测也应制订相应的标准和要求。同时还应制订产品工艺规程和岗位操作规程,完善质量管理方面的各项制度,如留样观察制度、清场管理制度、工艺卫生管理制度、用户访问制度、产品召回制度、退货管理制度等,并健全相应各项记录。

GMP 最明显的特点是强化药品生产过程质量管理。《药品管理法》规定:"药品必须符合国家药品标准"。法定的国家药品标准是划分药品合格与不合格的唯一依据。只有符合法定质量标准的合格品才能保证疗效,允许销售,否则不得销售。药品质量是按注册标准检验和认定的,药品发生交叉污染时,污染可能主要集中在一批药品某一部分,而不是整批。质量标准一般不包括检验交叉污染项目,按质量标准检验合格无法反映产品被污染的情况,而这种污染很可能危及消费者。药品质量的隐蔽性给评价药品质量增加了很大的难度。如果偏离 GMP 要求组织生产,药品生产过程的各种因素会造成被抽检的样品缺乏代表性,因而药品抽检合格并不能保证整批药品质量合格。取样计划无论怎样完善都有风险,总会存在不合格产品漏检的风险,见表 2.1。

表 2.1　注射剂不合格的可能性

真实的不合格率/%	测试 20 支样品不合格的可能性/%	测试 40 支样品不合格的可能性/%
1	18.2	33.1
5	64.2	87.2
15	96.1	99.8
30	99.9	≈100.0

注:1.试验批量:60 000 支;2.试验方法:按美国药典 USP 无菌测试方法。

《中国药典》2010年版凡例总则第六条规定:"正文所设各项规定是针对符合《药品生产质量管理规范》(GMP)的产品而言。任何违反GMP或有未经批准添加物质所生产的药品,即使符合《中国药典》或按照《中国药典》没有检出相关物质或相关杂质,亦不能认为其符合规定"。以前版本的《中国药典》未作相应的描述,这充分说明药品生产的全过程都要进行规范化管理,否则产品不得出厂销售。如果制药企业没有按照GMP的要求组织生产,生产的全过程达不到"质量保证",不管样品抽检是否合格,都应将这样生产出来的药品视作伪劣药品。

严格意义上讲,成品抽检合格不能代表整批药品质量合格;只有药品生产过程各环节全部合格,药品质量才合格。

2.3　GMP 概述

2.3.1　GMP 的管理目标

《药品管理法》是我国药品监督管理的"基本法",是药品监督管理法律法规体系的核心。该法第二章"药品生产企业管理"共7条,详细规定了开办药品生产企业的程序、条件、GMP认证、质量检验、委托生产等法律规定,为实施GMP提供了法律依据。

GMP旨在最大限度地降低药品生产过程中污染、交叉污染以及混淆、差错等风险,确保持续稳定地生产出符合预定用途和注册要求的药品。因此,GMP的基本控制目标是"四防"即防污染、防交叉污染、防混淆以及防差错。"四防"作为GMP规范的基础和灵魂,贯穿于药品生产的全过程,其他条文均围绕这一规定设定。

GMP是药品生产全过程监督管理普遍采用的法定技术规范,突出强调确保药品达到注册质量要求和安全、有效的预定用途。持续稳定是指稳定的工艺;预定用途是指说明书的内容;注册要求不仅仅是工艺处方,还包括原料供应商等。GMP第十条提出了"药品生产质量管理的十项基本要求":

①制订生产工艺,系统地回顾并证明其可持续稳定地生产出符合要求的产品。

②生产工艺及其重大变更均经过验证。

③配备所需的资源,至少包括:具有适当的资质并经培训合格的人员;足够的厂房和空间;适用的设备和维修保障;正确的原辅料、包装材料和标签;经批准的工艺规程和操作规程;适当的贮运条件。

④应当使用准确、易懂的语言制定操作规程。

⑤操作人员经过培训,能够按照操作规程正确操作。

⑥生产全过程应当有记录,偏差均经过调查并记录。

⑦批记录和发运记录应当能够追溯批产品的完整历史,并妥善保存、便于查阅。

⑧降低药品发运过程中的质量风险。

⑨建立药品召回系统,确保能够召回任何一批已发运销售的产品。

⑩调查导致药品投诉和质量缺陷的原因,并采取措施,防止类似质量缺陷再次发生。

对无菌药品、中药制剂、中药饮片、原料药、生物制品、血液制品、医用气体和放射性药品等生产质量管理活动的特殊要求,GMP 用 8 个附录方式作出了具体规定。

2.3.2　药品质量管理体系

药品质量的好坏不仅取决于成品的检验手段和检验方法的优劣,更取决于市场调研、设计开发、生产控制及后勤保障等涉及药品制造的所有环节。一个产品生产的每一个环节必然会对产品的质量造成影响,而要保证和提高产品质量就必须从产品生产的所有环节和过程去考虑。GMP 的核心是药品生产过程质量管理,因此就有必要建立一个和各部门管理密切相关的质量管理体系,才能真正保证和提高产品质量。结果来自过程,企业建立药品质量管理体系是实施 GMP 的必要条件。企业建立药品质量管理体系主要工作包括:

①确定顾客和其他相关方的需求和期望。

②建立企业的质量方针和质量目标。

③确定实现质量目标所必需的过程和职责。

④确定和提供实现质量目标必需的资源。

⑤规定测量每个过程的有效性和效率的方法并应用这些测量方法确定每个过程的有效性和效率。

⑥确定防止不合格并消除产生原因的措施。

1)药品质量管理体系目标要求

管理者通过相应的管理活动来建立和实施质量管理体系,这些管理活动是通过高层管理者的领导力、各职能部门的分工协作和各级人员的贯彻执行来完成的。质量管理职责不仅由企业内部人员承担,还应包括企业的供应商、承包商、经销商等相关方。药品质量管理体系的建立是企业战略决策的一部分,它的实施范围要和企业的质量策略相一致。因此,企业需要充分考虑自身的规模和组织结构(包括外包活动)、环境、具体目标、所生产的产品及工艺复杂程度、资源能力、管理流程、不断变化的需求等各方面因素来确定质量管理体系的范围。药品质量管理体系必须满足以下目标要求:

①药品质量管理体系应涵盖影响药品质量的所有因素,包括确保药品质量符合预定用途的有组织、有计划的全部活动。

②企业应建立符合药品质量管理要求的质量目标,将药品注册的有关安全、有效和质量可控的所有要求,系统地贯彻到药品生产、控制及产品放行、贮存、发运的全过程中,确保所生产的药品符合预定用途和注册要求。

③企业高层管理人员应确保实现既定的质量目标,不同层次的人员以及供应商、经销商应当共同参与并承担各自的责任。企业应配备足够的、符合要求的人员、厂房、设施和设备,为实现质量目标提供必要的条件。

2)质量保证

质量保证(Quality Assurance,QA)是质量管理体系的一个重要组成部分。一个产品从市场调查、研究设计到使用整个周期一般分为设计、制造、辅助生产和使用 4 个过程。质量管理体系中的质量保证系统基本上是由上述 4 个过程的质量保证系统构成的。

（1）设计过程的质量保证系统

设计质量靠"设计过程的质量控制"来保证。具体内容有：设计计划、检验测试规范、设计评审、设计验证、试制鉴定和设计定型（包含工艺定型）、销售前的准备和设计更改。

（2）制造过程的质量保证系统

该过程的质量保证系统包括：工艺规范的制定；制造过程质量控制；验证状态的控制和不合格品处理；检测和试验设备的控制；技术文件的控制；纠正措施。

（3）辅助生产过程的质量保证系统

该过程的质量保证系统包括：辅助材料的质量控制；工具的质量控制；设备的质量控制；动力、水、暖、风、气的质量控制；运输、保管中的质量控制；计量保证等。

（4）使用过程中的质量保证系统

一般来说，在使用过程中的质量保证分为两个部分：一部分是为"别人"（即顾客），另一部分是为"自己"（即企业）。为顾客应做的质量保证工作如提供产品说明书、提供专用工具、做好市场保障工作等。企业自身应做的质量保证工作如充分利用销售渠道进行质量追踪，目的是提高产品质量、占领更大的市场份额。

企业应按照药品有关法规和 GMP 的要求，以完整的文件形式明确规定质量保证系统的组成及运行，涵盖验证、物料、生产、检验、放行和发放销售等所有环节，并定期审计评估质量保证系统的有效性和适用性。GMP 提出了"质量保证系统的十项目标要求"：

①药品的设计与研发体现本规范的要求。

②生产管理和质量控制活动符合本规范的要求。

③管理职责明确。

④采购和使用的原辅料和包装材料正确无误。

⑤中间产品得到有效控制。

⑥确认、验证的实施。

⑦严格按照规程进行生产、检查、检验和复核。

⑧每批产品经质量受权人批准后方可放行。

⑨在贮存、发运和随后的各种操作过程中有保证药品质量的适当措施。

⑩按照自检操作规程，定期检查评估质量保证系统的有效性和适用性。

上述十条目标要求中，"①药品的设计与研发体现 GMP 规范的要求"必须和 GLP、GCP 的实施结合起来，这不是 GMP 规范要求的具体内容。对照"GMP 第十条，药品生产质量管理的十项基本要求"可以看出，上述十条目标要求是实现"药品生产质量管理的十项基本要求"的充分保障条件。

3）质量控制

质量控制（Quality Control，QC）包括相应的组织机构、文件系统以及取样、检验等，以确保物料或产品在放行前完成必要的检验，确认其质量符合要求。质量控制是质量管理的一部分，强调质量要求。质量控制具体指按照规定的方法和规程对原辅料、包装材料、中间品和成品进行取样、检验和复核，以保证这些物料和产品的成分、含量、纯度和其他性状符合已经确定的质量标准。质量控制的基本要求包括：

①应当配备适当的设施、设备、仪器和经过培训的人员，有效、可靠地完成所有质量控制的相关活动。

②应当有批准的操作规程,用于原辅料、包装材料、中间产品、待包装产品和成品的取样、检查、检验以及产品的稳定性考察,必要时进行环境监测,以确保符合本规范的要求。

③由经授权的人员按照规定的方法对原辅料、包装材料、中间产品、待包装产品和成品取样。

④检验方法应当经过验证或确认。

⑤取样、检查、检验应当有记录,偏差应当经过调查并记录。

⑥物料、中间产品、待包装产品和成品必须按照质量标准进行检查和检验,并有记录。

⑦物料和最终包装的成品应当有足够的留样,以备必要的检查或检验;除最终包装容器过大的成品外,成品的留样包装应当与最终包装相同。

4)GMP 在药品质量管理体系中的地位

药品质量管理体系是在药品质量方面指挥和控制组织的管理体系,它的建立与完善是企业全面质量管理的必然要求。药品质量管理体系关注的是药品生产企业整体运行的质量,具体包括:

①管理者职责——质量方针、质量目标、经济指标、其他考核指标等。

②资源管理——资金、人力资源、公用系统等。

③测量分析改进——企业各项指标考核等。

④质量保证——关注药品整个生命周期的产品质量,包括药品的设计、研发、生产和使用环节等。

⑤产品实现——生产过程管理、质量控制、环境控制、产品发运与召回、质量风险管理等。

图 2.1　GMP 与质量管理体系、质量保证、
质量控制的外延关系

GMP 作为质量管理体系的一部分,主要关注产品的实现。GMP 与质量管理体系、质量保证、质量控制的外延关系可用图 2.1 表示。

GMP 作为药品生产管理和质量控制的基本要求,是实现药品生产质量管理目标的一种有效方法。只要能够保证有效降低药品生产过程中污染、交叉污染以及混淆、差错等风险,确保持续稳定地生产出符合预定用途和注册要求的药品,企业可采用经过验证的替代方法达到 GMP 规范的要求。比如,制药企业可参照 WHO 或其他国家的 GMP,建立符合本企业实际的药品质量管理体系。只要能够达到药品生产管理和质量控制的基本要求,企业可以自由选择应实施何种版本 GMP,使之符合市场需要。这为制药企业提供了更多选择的机会,使生产管理和目标市场能更紧密地联系起来。

5)质量风险管理

质量风险管理是在整个产品生命周期中采用前瞻或回顾的方式,对质量风险进行评估、控制、沟通、审核的系统过程。企业应根据科学知识及经验对质量风险进行评估,以保证产品质量。质量风险管理过程所采用的方法、措施、形式及形成的文件应与存在风险的级别相适应。

本书第 3 章至第 9 章,将按照 GMP 要求,对机构与人员,厂房、设施与设备,生产管理,质量控制与质量保证,文件管理,确认、验证与自检等关系药品生产质量的内容进行重点介绍。

▪ **本章小结** ▪

　　质量管理的发展经历了质量检验、统计质量管理、全面质量管理 3 个主要发展阶段。前两者是质量管理的初期阶段,21 世纪的质量管理,已进入标准化质量管理的新阶段。建立质量管理体系的基本要求包括确定质量管理体系结构,编写质量管理体系文件,内部质量审核,管理评审和持续改进。GMP 作为质量管理体系的一部分,是药品生产管理和质量控制的基本要求。GMP 的核心是加强药品生产过程质量管理。GMP 的基本控制目标是"四防"即防污染、防交叉污染、防混淆以及防差错。GMP 的中心指导思想是:任何药品的质量形成是生产出来的而不是检验出来的。因此,必须对影响药品生产质量的因素与过程进行全面控制和管理。GMP 将会随着社会的发展、科技的进步、质量观念的更新而不断创新和持续改进。

复习思考题

1. 全面质量管理的中心思想是什么?
2. GMP 的基本控制目标是什么?
3. 药品生产管理的基本要求有哪些?
4. 2010 版 GMP 的主要特点有哪些?
5. "反应停"事件对药品质量管理工作有哪些启示?

第3章　机构与人员

【学习目标】

1. 了解 GMP 对机构与人员的总体要求。
2. 熟悉机构组成及各主要部门职能。
3. 熟悉关键人员的资质要求、工作职责。
4. 掌握人员培训和人员卫生的要求。

案例导入

"齐二药"人员的责任意识

2006 年 4 月,广州中山大学附属三院 65 名陆续使用齐齐哈尔第二制药有限公司(以下简称"齐二药")生产的亮菌甲素注射液的患者,部分出现了肾衰竭等严重症状,其中 13 名患者最终死亡。"齐二药"在购买药用辅料丙二醇用于亮菌甲素注射液生产时购入了工业用溶剂"二甘醇",假冒药用溶剂"丙二醇"投料生产。

按照"齐二药"公司制定的采购制度,应对新的原料供货商进行实地考察并对供货方提供的样品进行检验。关于对供货商的实地考察问题,公司副总经理郭兴平称,丙二醇只是制药的一种"小小的"辅助材料,没必要进行考察。他比喻说,消费者买猪肉,一定要去猪场看看那头猪吗?

国家规定,材料进厂后,应先取样按药典标准检验。化验室主任陈桂芬在法庭上说:"我们按 2005 年的药典标准,除了没有做红外光谱图的对照外(光谱对照是唯一能确认丙二醇的检验项目),其余都进行了检查。不做光谱图对照是因为厂里没有国家的标准图谱。"

国家规定,化验室主管要有相关资质。陈桂芬原本是初中一年级文化,她的自学大专文凭其实是假的,因为 GMP 要求化验室主任必须有大专以上学历。她工作了 37 年,一天培训都没有,但年年都是质量标兵,领导就放她在这个位子上。

"齐二药"化验室人员中,一半以上没有化验岗位资格证,基本的质量保障制度也不健全,"齐二药"供应商审查制度只是为了应付 GMP 认证。"齐二药"暴露出的药品监管漏洞,尤其是 GMP 认证造假、企业内部管理混乱、从业人员责任缺失产生的系列严重后果,发人深省。

人是 GMP 的执行者,是 GMP 能否顺利实施的一个主导因素。药品生产企业应建立生产和质量管理机构,明确各级机构和人员的职责。组织机构和人员是组成企业的有机体。组织机构是开展生产和质量管理工作的载体,也是质量管理体系存在及运行的基础,人则是具体的执行者。药品是依靠人员生产出来的,因此诚实守信,禁止任何虚假、欺骗行为和不实记录,保证药品安全、有效是药品生产人员最基本的职业道德职责要求。

3.1 组织机构

3.1.1 GMP 对机构与人员的原则要求

①企业应建立与药品生产相适应的管理机构,并有组织机构图。必须设立独立的质量管理部门,履行质量保证和质量控制的职责。质量管理部门可分别设立质量保证部门和质量控制部门。

②质量管理部门应当参与所有与质量有关的活动,负责审核所有与本规范有关的文件。质量管理部门人员不得将职责委托给其他部门的人员。

③企业应当配备足够数量并具有合格资质(含学历、培训和实践经验)的管理和操作人员,应明确规定每个部门和每个岗位的职责。岗位职责不得遗漏,交叉的职责应当有明确规定。每个人所承担的职责不应过多。所有人员应明确并理解自己的职责,熟悉与其职责相关的要求,并接受必要的培训,包括上岗前培训和继续培训。

④职责通常不得委托给他人。确需委托的,其职责可委托给具有相当资质的指定人员。

3.1.2 组织机构

组织机构是药品生产和质量管理的基本组织保证,其形式可根据企业的实际情况来安排,但基本结构应包括生产部门、质量管理部门以及其他相关部门,如图 3.1 所示。

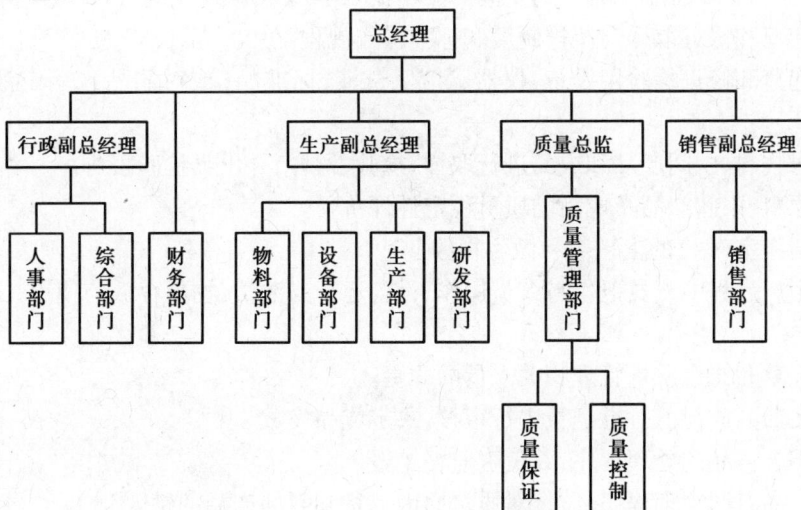

图 3.1 药品生产企业组织机构图

需要强调的是,所有药品生产企业均要设立一个独立且具有权威的质量管理部门,其对产品质量具有独立的否决权,任何部门及个人不得干预。

3.1.3 主要部门职能

1)生产部门职能

①根据公司的生产计划,按 GMP 要求组织生产,下达批生产指令和批包装指令,按时完成生产计划任务并确保其质量。

②负责工艺技术、人力资源、物料、设备、能源等方面的生产准备,以及生产过程和劳动过程的组织。

③负责或参与起草及修订生产相关的标准操作规程。

④负责生产人员 GMP、岗位操作等相关培训及考核。

⑤负责生产区的清场及洁净区级别的保持。

⑥负责生产设备的使用、维护及保养。

⑦协助质量管理部门完成与生产相关的验证工作。

⑧严格按照 GMP、工艺规程、标准操作规程实施生产全过程管理、生产操作,并完成相关记录。

⑨负责对生产过程中出现的偏差及时报告,进行现场处理,并具备完整记录。

⑩负责生产过程中物料和产品的管理。

⑪负责对生产工艺指标完成情况、生产计划完成情况、产品质量、生产安全、生产环境、生产人员的个人卫生等的监督及考核工作。

2)质量管理部门职能

①负责起草和修订物料、中间产品、成品的内控标准和检验操作规程。

②与物料部门共同对关键物料供应商的质量体系进行评估,决定物料和中间产品的使用,保证不合格的物料不使用,不合格的中间产品不流入下道工序。

③负责起草和修订取样与留样制度和标准操作规程。

④负责起草和修订检验用设备、仪器、试剂、试液、标准品(或对照品)、滴定液、培养基等管理办法。

⑤负责对物料、中间产品和成品进行取样、检验、留样,并出具检验报告。

⑥负责原料、中间产品及成品的质量稳定性评价。

⑦监测洁净室(区)的尘粒数和微生物数。

⑧监控生产过程中人员卫生与人员操作、设备运行与清洁、物料存放与使用、文件执行、环境卫生等。

⑨负责起草和修订质量管理相关人员的职责。

⑩负责在药品放行前对批记录进行审核,决定成品发放。

⑪审核不合格品的处理程序,并负责监督销毁。

⑫建立药品召回管理程序,监督对质量原因退货和召回产品的销毁。

⑬建立药品不良反应监察报告制度,详细记录和调查处理用户的药品质量投诉和药品不

良反应,并对药品不良反应和生产中出现的重大质量问题及时向药品监督管理部门报告。

⑭负责组织 GMP 自检,完成自检报告。

⑮建立产品质量档案,对质量问题进行追踪分析,为改进工艺和管理提供信息。

⑯按月、季、上半年及年终分别召开质量分析会,统计产品质量情况,完成质量分析报告。

3) 物料部门职能

①与质量管理部门共同对物料供应商的质量体系进行评估,并根据结果确定定点供应商名册。

②根据公司计划,制订采购方案,与供应商签订采购合同。

③负责从定点供应商处进行原料、辅料、包装材料以及生产用其他物料的采购。

④编制物料代码,按照 GMP 相关程序对原辅料、包装材料和成品进行仓储管理。

⑤负责废弃物料的处理。

⑥负责本部门人员的岗位培训及考核。

4) 设备部门职能

①协助质量管理部门考察设备供应商提供的设备质量情况,协助质量管理部门进行设备验收,根据检验结果编制定点供应商名册和淘汰供应商名册,并管理各种设备档案。

②按照 GMP 要求,负责设备管理、维修和保养,负责动力、净化系统运转,保证水、电、暖、气的正常供给及制冷工作的顺利进行。

③制订生产用水、电、煤、气等使用计划。

④负责起草和修订本部门设备、设施的标准操作规程及各类记录表格。

⑤督促员工加强安全生产意识,做好各项安全检查。

5) 销售部门职能

①制订及组织实施公司销售方案。

②组织销售人员学习相关的法律法规,保证销售过程合法有序。

③组织销售人员定期进行市场调查,分析产品销售状况与市场发展趋势,并制定应对措施。

④负责药品销售和售后服务,保证企业销售计划的完成。

⑤负责用户投诉和不良反应的信息反馈,负责产品召回。

3.2　关键人员

药品的质量除设计因素影响外,主要依赖于生产过程。物料的选择、设备的使用、生产操作的过程、卫生的清洁等过程均离不开人,因此,人与生产相关的一切活动决定了药品的质量,GMP 对药品生产企业关键人员进行了详细规定。

3.2.1　GMP 对关键人员的要求

①关键人员应为企业的全职人员，至少应包括企业负责人、生产管理负责人、质量管理负责人和质量受权人。

②质量管理负责人和生产管理负责人不得互相兼任。质量管理负责人和质量受权人可以兼任。应制定操作规程确保质量受权人独立履行职责，不受企业负责人和其他人员的干扰。

③企业负责人是药品质量的主要责任人，全面负责企业日常管理。为确保企业实现质量目标并按照本规范要求生产药品，企业负责人应负责提供必要的资源，合理计划、组织和协调，保证质量管理部门独立履行其职责。

④生产管理负责人、质量负责人、质量受权人应当至少具有药学或相关专业本科学历（或中级专业技术职称或执业药师资格），具有至少三年从事药品生产和质量管理的实践经验（质量负责人、质量受权人至少五年），其中至少有一年的药品生产管理经验（质量负责人至少一年的药品质量管理经验、质量受权人应从事过药品生产过程控制和质量检验工作），接受过与本职工作相关的专业知识培训。

3.2.2　企业负责人

药品生产企业负责人应对药品的质量负责，并提供硬件设施、人力资源、良好的工作环境等资源，组织协调，保证药品生产在法律法规的指导下安全、有序、顺利地进行。同时，企业负责人还应保证质量受权人、质量负责人及质量管理部门具有独立行使质量管理的权力。

3.2.3　生产负责人与质量负责人

GMP 对生产负责人与质量负责人的学历、经验、专业培训等方面进行了详细的规定，使其能够正确履行职责，从而保证药品的质量。

1）生产负责人的主要职责

①确保药品按照批准的工艺规程生产、贮存，以保证药品的质量。

②确保严格执行与生产操作相关的各种操作规程。

③确保批生产记录和批包装记录经过指定人员审核并送交质量管理部门。

④确保厂房和设备的维护保养，以保持其良好的运行状态。

⑤确保完成各种必要的验证工作。

⑥确保生产相关人员经过必要的上岗前培训和继续培训，并根据实际需要调整培训内容。

2）质量负责人的主要职责

①确保原辅料、包装材料、中间产品、待包装产品和成品符合经注册批准的要求和质量标准。

②确保在产品放行前完成对批记录的审核。

③确保完成所有必要的检验。

④批准质量标准、取样方法、检验方法和其他质量管理的操作规程。

⑤审核和批准所有与质量有关的变更。

⑥确保所有重大偏差和检验结果超标已经过调查并得到及时处理。

⑦批准并监督委托检验。

⑧监督厂房和设备的维护,以保持其良好的运行状态。

⑨确保完成各种必要的确认或验证工作,审核和批准确认或验证方案和报告。

⑩确保完成自检。

⑪评估和批准物料供应商。

⑫确保所有与产品质量有关的投诉已经过调查,并得到及时、正确的处理。

⑬确保完成产品的持续稳定性考察计划,提供稳定性考察的数据。

⑭确保完成产品质量回顾分析。

⑮确保质量控制和质量保证人员都已经过必要的上岗前培训和继续培训,并根据实际需要调整培训内容。

3)生产负责人与质量负责人的共同职责

①审核和批准产品的工艺规程、操作规程等文件。

②监督厂区卫生状况。

③确保关键设备经过确认。

④确保完成生产工艺验证。

⑤确保企业所有相关人员都已经过必要的上岗前培训和继续培训,并根据实际需要调整培训内容。

⑥批准并监督委托生产。

⑦确定和监控物料和产品的贮存条件。

⑧保存记录。

⑨监督本规范执行状况。

⑩监控影响产品质量的因素。

3.2.4 质量受权人

1)质量受权人的概念

质量受权人是指具有相应技术资格和工作经验,经药品生产企业法定代表人授权,并经食品药品监督管理部门备案,全面负责药品质量管理的关键人员。

质量受权人是被授权人(即接收权力的人),药品生产企业是授权人,授予的权力是药品生产质量管理权。授权人对被授权人(即受权人)享有监督权,被授权人(即受权人)对授权人负有责任与义务。质量受权人具有丰富的内涵,即独立、专业及团队支持。

①独立。独立是质量受权人最核心的内涵。质量受权人行使权力不受企业负责人、生产负责人等其他因素的影响,具有相对的独立性。药品质量出现问题时,质量受权人是直接责任人。

②专业。GMP 对质量受权人学历、实践经验、专业培训、考核等方面作出要求,是为了保证质量受权人在药品质量管理方面的专业性,使其能够充分履行质量管理的职责。

质量受权人具有医药相关知识,有 5 年以上制药行业技术管理经验,并通过资格考试,在药品监管部门登记备案,是药品质量管理方面的专家。当药品生产企业在药品质量方面作出决策,尤其是重大决策(如产品召回等)时,必须充分尊重并听取质量受权人的意见。

③团队支持。质量受权人不可能掌握药品生产过程中的方方面面情况,通常需要团队中其他质量管理人员的建议。团队的支持与共同努力,能够保证质量受权人顺利、准确地履行职责,从而确保企业质量目标的实现。

质量受权人不单纯负责产品的放行,他必须关注与产品质量密切相关的各方面情况。这就要求建立一个质量管理体系,质量受权人通过良好运行的质量管理体系来履行质量管理的职责,确保生产质量符合要求。

2)质量受权人的主要职责

①参与企业质量体系建立、内部自检、外部质量审计、验证以及药品不良反应报告、产品召回等质量管理活动。

②承担产品放行的职责,确保每批已放行产品的生产、检验均符合相关法规、药品注册要求和质量标准。

③在产品放行前,质量受权人必须按照上述第 2 项的要求出具产品放行审核记录,并纳入批记录。

3.3 人员培训

硬件、软件、人员被称为 GMP 的三要素。其中,硬件是 GMP 实施的基础,软件是保证,而人员作为药品设计、生产、质量管理的主体,是 GMP 实施的关键。通过对人员进行 GMP 相关规范制度、专业知识、岗位操作等培训来提高人员素质,能更好地保证药品质量。

3.3.1 GMP 对人员培训的要求

①企业应指定部门或专人负责培训管理工作,应当有经生产管理负责人或质量管理负责人审核或批准的培训方案或计划,培训记录应予以保存。

②与药品生产、质量有关的所有人员都应经过培训,培训的内容应与岗位的要求相适应。除进行 GMP 规范理论和实践的培训外,还应有相关法规、相应岗位的职责、技能的培训,并定期评估培训的实际效果。

③高风险操作区(如高活性、高毒性、传染性、高致敏性物料的生产区)的工作人员应接受专门的培训。

3.3.2 人员培训的基本原则

1)全员培训

在药品生产企业中,从企业负责人到各级管理人员,从生产、检验到运输、销售,乃至维修、清洁人员都与药品质量息息相关,GMP 要求全员培训。

2)系统规范

为保证培训的效果,遵循 GMP"有章可循、照章办事、有证可查"的原则,人员培训需要有专人负责,建立系统的培训及考核制度,并具备完善的培训方案和齐全的档案记录。

3)因材施教

要根据不同岗位、级别制订培训方案和培训内容,既要考虑新员工和低、中级技术人员的能力提高,也要兼顾高级技术人员的发展需要,分层次合理安排培训时间、内容及方式。

4)理实结合

培训要有针对性和实用性。企业需要什么、员工缺少什么就培训什么。针对岗位需要,结合实际操作,进行理论知识和实践技能的讲授和练习。

3.3.3 人员培训的职能部门

1)行政人事部门

通常由行政人事部门负责整个企业的人员培训管理工作。人员培训管理工作包括培训政策和制度的制定;年度培训计划的编制和实施;培训工作的组织、安排和协调;员工培训档案的管理等。

2)质量管理部门

质量保证人员负责帮助和监督行政人事部门完成对员工的培训,并负责员工 GMP 培训的计划制订、实施及考核工作,保证 GMP 的有效贯彻与实施。

3)各职能部门

各职能部门根据本部门员工的岗位需要进行相应的知识与技能培训。

3.3.4 人员培训的方法

1)培训流程

员工培训基本遵循以下流程:培训计划制订→培训项目选择→培训人员及形式确定→培训过程→培训考核→资料归档。

2)培训类型

(1)入职培训

药品生产企业所有新员工,无论是否具有本岗位工作经验,都需要进行岗位培训。一般在其入职的 1 个月内完成,包括企业概况及管理制度、GMP 相关知识、上岗培训等内容。

(2)继续培训

随着技术的改革、规程的修订、先进仪器的引入,员工的知识与技能也必须不断地提高和更新,因此,员工需进行定期的继续培训,使各项制度、规程能够顺利执行和实施,保证企业的正常运行和产品的良好质量。

3)培训内容与考核方法

药品生产企业全体员工均要进行国家法律法规、企业规章制度的培训。各岗位员工都必须接受相应岗位管理制度、岗位操作法、标准操作规程等内容的培训。高危险岗位的员工,需要进行安全生产与防护的培训,掌握意外伤害的预防与应急处理方法等。

针对培训内容及人员的情况,可选择灵活多样、行之有效的培训方式与考核方法。培训方式可采用上课、观看录像、现场讲解、现场操作等形式;考核方式可采用笔试、口试、实际操作等形式。

3.4　人员卫生

人是药品生产中引起产品污染的最大污染源,人的自然活动每分钟能产生百万个大于 $0.3~\mu m$ 的粒子,同时人也会给微生物创造一个良好的生长繁殖环境。GMP 对人员卫生进行了严格的要求:药品生产人员应身体健康,注意个人卫生,进入洁净区后要严格执行卫生操作规程、自我约束,养成良好的行为习惯。

3.4.1　GMP 对人员卫生的要求

①所有人员都应接受卫生要求的培训,企业应建立人员卫生操作规程,最大限度地降低人员对药品生产造成污染的风险。

②人员卫生操作规程应包括与健康、卫生习惯及人员着装相关的内容。生产区和质量控制区的人员应正确理解相关的人员卫生操作规程。企业应采取措施确保人员卫生操作规程的执行。

③企业应对人员健康进行管理,并建立健康档案。直接接触药品的生产人员上岗前应当接受健康检查,以后每年至少进行一次健康检查。

④企业应采取适当措施,避免体表有伤口、患有传染病或其他可能污染药品疾病的人员从事直接接触药品的生产。

⑤参观人员和未经培训的人员不得进入生产区和质量控制区,特殊情况确需进入的,应事先对个人卫生、更衣等事项进行指导。

⑥任何进入生产区的人员均应按照规定更衣。工作服的选材、式样及穿戴方式应与所从事的工作和空气洁净度级别要求相适应。

⑦进入洁净生产区的人员不得化妆和佩戴饰物。

⑧生产区、仓储区应禁止吸烟和饮食,禁止存放食品、饮料、香烟及个人用品等非生产用物品。

⑨操作人员应避免裸手直接接触药品、与药品直接接触的包装材料和设备表面。

3.4.2 人员卫生

从事药品生产的人员,特别是与药品直接接触的人员的健康情况直接或间接地影响药品质量,因此,直接接触药品的生产人员上岗前应接受健康检查,持"健康合格证"方能上岗,以后每年至少进行一次健康检查,并建立健康档案。患有传染病、体表有伤口者,皮肤病及药物过敏者不得从事直接接触药品的生产;员工一旦患有急慢性疾病或外伤,应及时上报并采取措施,避免污染药品。

1) 手的卫生

手的卫生是影响药品质量的主要因素。手一旦接触污染物后,微生物就会在手上生存;手的表面有创伤,微生物就会大量繁殖,因此,操作人员应避免裸手直接接触药品、与药品直接接触的包装材料和设备表面,不允许涂指甲油、佩戴戒指等装饰品;一次性手套不应有破损;非一次性手套,必须在清洁干燥消毒后使用;工作前、饭前与饭后、便后、喝水后、接触过污物后应及时洗手。

手部清洁与消毒时,应严格遵照标准操作规程,采用正确的方法,使用有效的清洁剂和消毒剂。

2) 身体其他部位的卫生

人的体表经常排出很多物质,如汗液、眼泪、鼻垢等。这些废物扩散到空气中,直接或间接地接触到药物,会影响药品的质量。人的口腔黏膜、鼻腔黏膜和头发常存在大量空气中的细菌,如葡萄球菌类的喉杆菌、变形杆菌、肺炎球菌、真菌等。讲话、吃东西、咳嗽、打喷嚏、头发外露均能散发污染。在药品生产过程中,尽量减少身体尤其是口、鼻、头发对药品的污染,须用下列方法避免:勤洗澡,勤换衣,勤洗发,勤理发,戴帽子包盖住全部头发;勤刮须,戴口罩,在敞口产品附近切不可讲话,不打喷嚏,不咳嗽。

3) 工作服与防护服

人体总是在向周围环境散发污染粒子,为了防止药品受人员的污染,同时也保证人员自身的安全,进入生产区的人员必须按照规定更换与所从事的工作和空气洁净度级别要求相适应的工作服和防护服。

虽然不同药品生产企业和生产区域的工作服和防护服有所不同,但其作用基本相同:一是防止生产人员对药品的污染;二是保护操作人员不受药物的影响。工作服、防护服可根据不同生产工段而异。一般生产区可选用棉材料;控制区可选用涤纶或尼龙材料;式样和颜色能区分不同的生产区域和不同级别的洁净区,当人员离开工段,特别是人员上厕所时,必须脱去工作服(或无菌服)并应换鞋。防护服清洗或消毒应根据不同洁净区要求制定相应规程。

工作服及其质量应与生产操作的要求及操作区的洁净度级别相适应,其式样和穿着方式应能满足保护产品和人员的要求。各洁净区的着装要求规定如下:

D级洁净区:应将头发、胡须等相关部位遮盖。应穿合适的工作服和鞋子或鞋套。着装时应采取适当措施,以避免带入洁净区外的污染物。

C 级洁净区:应将头发、胡须等相关部位遮盖,应当戴头罩和口罩。应当穿手腕处可收紧的连体服或衣裤分开的工作服,并穿适当的鞋子或鞋套。工作服应不脱落纤维或微粒。

A/B 级洁净区:应用头罩将所有头发以及胡须等相关部位全部遮盖,头罩应塞进衣领内,应当戴口罩以防散发飞沫,必要时戴防护目镜。应戴经灭菌且无颗粒物(如滑石粉)散发的橡胶或塑料手套,穿经灭菌或消毒的脚套,裤腿应塞进脚套内,袖口应塞进手套内。工作服应为灭菌的连体工作服,不脱落纤维或微粒,并能滞留身体散发的微粒。

个人外衣不得带入通向 B 级或 C 级洁净区的更衣室。每位员工每次进入 A/B 级洁净区,应更换无菌工作服;或每班至少更换一次,但应用监测结果证明这种方法的可行性。操作期间应经常消毒手套,并在必要时更换口罩和手套。洁净区所用工作服的清洗和处理方式应能够保证其不携带有污染物,不会污染洁净区。应按相关操作规程进行工作服的清洗、灭菌,洗衣间最好单独设置。

4)行为习惯

通过对洁净区微粒的监测发现:人员的数量、人员的动作幅度及工作服的质量、式样、穿戴等对洁净区微粒的含量有明显的影响。因此,人员进入洁净室必须保持个人清洁卫生,不得化妆,佩戴首饰、手表,应穿戴本区域的工作服装、净化服经过空气吹淋室或气闸室进入洁净室;工作服内只可存放笔、记录本,不得放香烟、食品、饮料等物品;人员进出次数应尽可能的少,在操作过程中应减小动作幅度,尽量避免不必要的走动和移动;严禁在生产区内吃东西、吸烟、剧烈运动、大声喧哗与打闹等。

3.4.3 人员卫生培训

为了保证各项卫生规程的贯彻执行,尽量避免药品污染问题的发生,最有效的方法就是对员工全面开展各项卫生培训。培训内容主要有:人员卫生各项规章制度及规程,如洁净区更衣标准操作规程、工作服清洗规程等;生产人员个人卫生,包括手、口、鼻、头发等部位的卫生要求及清洁消毒方法;清洁工具的管理等。

·本章小结·

药品生产企业组织机构的基本结构应包括生产部门、质量管理部门以及其他相关部门。药品生产企业要设立一个独立且具权威的质量管理部门,其对产品质量具有独立的否决权,任何部门及个人不得干预。药品生产企业的关键人员应为企业的全职人员,至少应包括企业负责人、生产管理负责人、质量管理负责人和质量受权人;GMP 对其学历、实践经验、专业培训、主要职责进行详细规定。人员培训的基本原则:全员培训;系统规范;因材施教;理实结合。人员培训内容包括国家法律法规、企业相关制度、岗位操作规范、标准操作规范等。人员卫生包括人员健康、个人卫生、行为习惯 3 个方面。

复习思考题

1. GMP 对药品生产企业人员素质的要求是什么？
2. 药品生产企业组织机构包括哪些部门？
3. 为什么生产部门和质量管理部门的负责人不能兼任？
4. 药品生产企业的关键人员有哪些？对其资质有什么要求？
5. 质量受权人的主要职责是什么？
6. GMP 对人员培训的要求是什么？
7. 人员培训的基本原则有哪些？人员培训的内容包括哪些方面？
8. GMP 为什么对人员卫生进行严格要求？人员卫生包括哪些方面？

第4章 厂房、设施与设备

📖【学习目标】

    1. 掌握 GMP 对制药厂房、设施及设备的具体要求。

    2. 熟悉制药厂房设施及设备管理。

    3. 掌握人流、物流净化要求。

    4. 掌握制药用水的使用与要求。

🔖 案例导入

"哈药污染门"

    2011年6月5日,世界环境日,央视《朝闻天下》栏目的报道使哈药集团制药总厂成为关注焦点。据央视调查报道,哈药集团制药总厂经常向周围排放污水废气。排放的臭气熏得附近居民夏天不敢开窗,严重超标的污水直接排入小河,固体废弃物简单焚烧后不再管理,而且,这种水、陆、空立体排污的局面已持续了很长时间。早在2005年环保部门就已接到群众投诉,每年人大和政协的提案也都重点关注,但问题始终没有得到解决。2009年,黑龙江省多位政协委员曾就此问题做过联名提案,并提供了对药厂相邻区域空气质量检测的结果,发现硫化氢气体超标1 150倍,氨气超标20倍,均超过国家恶臭气体排放标准。哈药集团制药总厂在2009年被黑龙江列入污染严重企业名单,这已经不是这家国内知名制药巨头第一次遭遇环保指责。哈药集团制药总厂解释,制剂厂主要以医药包装材料和口服固体制剂产品为主,为避免在生产过程中产生的废弃包装物流失到社会上被造假者利用,每年进行定期定点焚烧。制剂厂存在不按规定擅自在厂区外的生活垃圾贮存池进行焚烧的情况,已责令其整改。哈药集团制药总厂和当地政府曾多次表态要"治理污染",但污染问题一直没有得到根本解决。随后,哈药总厂表示,将按照"局部搬迁,分步实施,产业转型,根治污染"原则,大力发展清洁生产和循环经济,引进环保新工艺、先进设备,确保生态环境不受影响。

    药品生产必须在一定的厂房、设施与设备基础上进行,厂房、设施与设备是实施 GMP 的硬件,直接关系到药品质量。厂房、设施与设备作为生产平台,在其基础上进行生产工艺设计时应考虑不应使药品受到污染,同时药品生产也不应该对周围环境造成污染。

4.1　厂房与设施

4.1.1　GMP 对厂房与设施的原则要求

药品生产企业厂房设施主要包括：厂区建筑物实体(含门、窗)，道路，绿化草坪，围护结构；厂房附属公用设施，如洁净空调和除尘装置，照明，消防喷淋，上、下水管网，生产用纯水、软化水，洁净气体管网等。GMP 对厂房设施提出了明确要求。

①厂房的选址、设计、布局、建造、改造和维护必须符合药品生产要求，应当能够最大限度地避免污染、交叉污染、混淆和差错，便于清洁、操作和维护。

②应根据厂房及生产防护措施综合考虑选址，厂房所处的环境应能够最大限度地降低物料或产品遭受污染的风险。

③企业应有整洁的生产环境；厂区的地面、路面及运输等不应对药品的生产造成污染；生产、行政、生活和辅助区的总体布局应合理，不得互相妨碍；厂区和厂房内的人、物流走向应合理。

④应对厂房进行适当维护，并确保维修活动不影响药品的质量。应按照详细的书面操作规程对厂房进行清洁或必要的消毒。

⑤厂房应有适当的照明、温度、湿度和通风，确保生产和贮存的产品质量以及相关设备性能不会直接或间接地受到影响。

⑥厂房、设施的设计和安装应能有效防止昆虫或其他动物进入。应采取必要的措施，避免所使用的灭鼠药、杀虫剂、烟熏剂等对设备、物料、产品造成污染。

⑦应采取适当措施，防止未经批准人员的进入。生产、贮存和质量控制区不应作为非本区工作人员的直接通道。

⑧应保存厂房、公用设施、固定管道建造或改造后的竣工图纸。

4.1.2　厂区选址与布局

1)厂址选择

厂址选择是药品生产企业厂房建设的一个重要环节，厂房的选址应根据厂房及生产防护措施综合考虑。为了能够最大限度地降低物料或产品遭受污染的风险，选址时应考虑以下各项因素。

(1)环境

药品生产企业必须有整洁的生产环境。生产环境包括内环境和外环境，外环境对内环境有一定的影响。药品生产内环境要达到一定的净化级别，因此应考虑药品生产内外环境中大气含尘浓度、微生物含量，并从厂址选择、厂房设施和建筑布局等方面进行有效控制，以防止污染药品。从总体上说，制剂药厂最好选在大气条件良好、空气污染少、无水土污染的地区，尽量避开热闹市区、化工区、风沙区、铁路和公路等污染较多的地区,以使药品生产企业所处环境的空气、水质等符合生产要求。如不能远离严重空气污染区时,则应位于其最大频率风向上风侧,或全年最小频率风向下风侧。

（2）供水

水是药品生产中用量最大、使用最广的一种原料。制药工业用水分非工艺用水和工艺用水两大类。非工艺用水（自来水或水质较好的井水）主要用于产生蒸气、冷却、洗涤等；工艺用水分为饮用水（自来水）、纯化水（即去离子水、蒸馏水）和注射用水。水质的优劣直接影响药品的质量,是保证药品质量的关键因素。因此,药品生产企业（特别是药物制剂厂）厂址应靠近水量充沛和水质良好的水源。

（3）能源

制药厂生产需要大量的动力和蒸气。动力的来源有两种:一是由电力提供;二是与蒸气一样由燃料产生。因此,在选择厂址时,应考虑在电力供应充足和邻近燃料供应的地点,这有利于满足生产负荷、降低产品生产成本和提高经济效益。

（4）交通运输

药品生产企业应建在交通运输发达的城市郊区,厂区周围有已建成或即将建成的市政道路设施,能提供快捷方便的公路、铁路或水路等运输条件。消防车进入厂区的道路不少于两条。

（5）自然条件

厂址选择要考虑拟建项目所在地的气候特征（如四季气候特点、日照情况、气温、降水量、汛期、风向、雷暴雨、灾害天气等）是否有利于减少基建投资和日常操作费用。地质面貌应无地震断层和基本烈度为9度以上的地震;土壤的土质及植被好,无泥石流、滑坡等隐患;地势利于防洪、防涝或厂址周围有集蓄、调节洪水和防洪等设施。当厂址靠近江河、湖泊或水库地段时,厂区场地的最低设计必须考虑应高于计算最高洪水位0.5 m。

2）厂区总体布局

厂区布局的合理性在一定程度上会给生产及生产管理、质量检验等工作带来方便和保证,厂区的总体布局主要包括以下8个方面:

①主要生产车间:原料生产车间、制剂生产车间等。
②辅助生产车间:机修车间、动力车间等。
③仓库:原料、辅料、包装材料、成品库等。
④动力设施:锅炉房、压缩空气站、变电所、配电房等。
⑤公用工程:水塔、冷却塔、泵房、消防设施等。
⑥环保设施:污水处理、绿化等。
⑦管理设施和生活设施:办公楼、中心化验室、药物研究所、计量站、动物房、食堂、医院等。
⑧道路运输设施:车库、道路等。

厂区总体布局应做到功能分区明确,按生产、行政、生活和辅助区合理布局。四个区域既不能相互影响,又要保证相互便于联系、服务以及生产管理。要有适用的足够面积的厂房进行生产和质量检定工作,保持水、电、气供应良好。应具体考虑以下原则和要求:

①厂区规划要考虑主车间和辅助车间的平面布置,人流、物流通道分开以避免交叉污染。洁净厂房应布置在厂区内环境清洁、人流物流不穿越或少穿越的地方,并应考虑产品工艺特

点,合理布局,间距恰当,避免污染。

②对于生产品种多、安全卫生要求不同的车间应划分成不同的生产区。原辅料生产区、制剂生产区应分开,原料药生产区应位于制剂生产区全年最大频率风向的下风侧。

③三废处理、锅炉房等严重污染源应处于主导风向的下风侧。

④青霉素类高致敏性药品生产厂房应位于厂区其他生产厂房全年最大频率风向的下风侧。

⑤危险品库应设于厂区相对安全位置,并有防冻、降温、消防等措施,麻醉产品、剧毒药品应设专用仓库,并有防盗措施。

⑥动物房的设置应符合国家食品药品监督管理局《动物实验管理办法》等有关规定,布置在僻静处,并有专用的排污和空调设施。

⑦洁净厂房周围道路宽敞,能通过消防车辆。

⑧道路应选用整体性好、发尘少的覆面材料。

⑨洁净厂房周围应绿化,做到"土不见天",且不应种植散发花粉或对药品生产产生不良影响的植物。

⑩考虑企业发展需要,应留有余地(即预留区),使近期建设与远期发展相结合,以近期为主。

以下是某制药企业厂区总体布局,如图4.1所示。

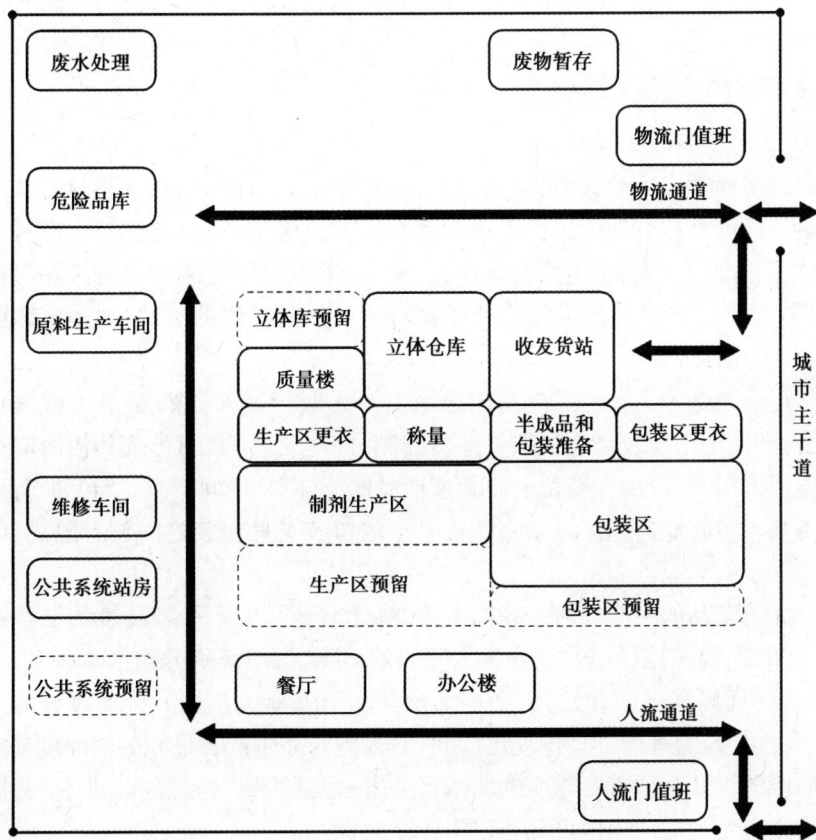

图4.1 某制药企业厂区总体布局

分析:该地区主导风向为东北风,将废水处理和化学车间布置在下风侧;办公区、生活区、生产区分区布置;厂区人流、物流无交叉污染;考虑了工厂未来发展预留。缺点是制剂车间靠近城市主干道区。

4.1.3 厂房设施设计

药品的生产涉及很多种类,如化学原料药、生物原料药、非无菌制剂(口服固体制剂和液体制剂、外用制剂等)、无菌制剂(注射剂、眼用剂等)等。不同种类的药品生产由于物料和产品的性质和标准不同而对生产设施有不同的要求。生产方式如单一品种生产、多品种阶段性生产、多品种同时生产等;物料的投放和转运如开放式或密闭式或半开放、半密闭式;药品的生产规模(如大批量或小批量等)会对生产设施有不同的要求。生产厂房包括一般厂房和洁净厂房。一般厂房按一般工业生产条件和工艺要求设计;洁净厂房按《药品生产质量管理规范》和《医药工业洁净厂房设计规范》的要求设计。生产厂房应根据生产产品、生产工艺、设备、空调净化、给排水及各种设施要求布局,工艺布局应符合相应的法律法规和规范要求,防止药品生产中的混批、混杂、污染和交叉污染。厂房综合设计除了要严格遵守GMP的相关规定外,还必须符合国家的有关政策,执行现行有关的标准、规范,符合实用、安全、经济的要求。在可能的条件下积极采用先进技术,既满足当前生产的需要,也要考虑未来的发展,同时注重节约能源和保护环境。

1)有关技术要求

(1)药品生产受控环境的基本要求

药品生产环境通常分4个区域:室外区、一般区和保护区、洁净区、无菌区。

室外区是厂区内部或外部无生产活动和更衣要求的区域,包括通常与生产区不连接的办公室、机加工车间、动力车间、化工原料储存区、餐厅、卫生间等区域。一般区和保护区为非控制区,是产品外包装操作和其他不将产品或物料明显暴露操作的区域,如外包装区、QC实验区、原辅料和产品储存区等。

洁净区指厂房内部非无菌产品生产的区域以及无菌药品灭(除)菌及无菌操作以外的生产区域,需要对环境中尘粒及微生物数量进行控制,其建筑结构、装备及其使用应当能够减少该区域内污染物的引入、产生和滞留。非无菌产品的原辅料、中间产品、待包装产品,以及与工艺有关的设备和内包材能在此区域暴露。如果在内包装与外包装之间没有隔离,则整个包装区域应归入此等级的区域。

无菌区是无菌药品的生产场所。我国GMP将无菌药品生产受控环境的洁净级别划分为A,B,C,D 4个等级,与美国、欧盟、世界卫生组织的GMP洁净级别分类基本一致。在2010版《药品生产质量管理规范》(GMP)"附录一:无菌药品"中,对无菌药品生产过程的空气悬浮粒子、微生物限度及其监测等作了具体规定,同时对无菌药品生产各过程的洁净度要求也作了明确说明。洁净区的设计必须符合相应的洁净度要求,包括达到"静态"和"动态"的标准。

无菌药品生产所需的洁净区可分为以下4个级别:

A级:高风险操作区,如灌装区、放置胶塞桶和与无菌制剂直接接触的敞口包装容器的区域及无菌装配或连接操作的区域,应用单向流操作台(罩)维持该区的环境状态。单向流系统在其工作区域必须均匀送风,风速为 $0.36 \sim 0.54$ m/s(指导值)。应当有数据证明单向流的状态并经过验证。在密闭的隔离操作器或手套箱内,可使用较低的风速。

B 级:指无菌配制和灌装等高风险操作 A 级洁净区所处的背景区域。

C 级和 D 级:指无菌药品生产过程中重要程度较低操作步骤的洁净区。

以上各级别空气悬浮粒子的标准规定见表4.1。

表4.1 不同洁净等级悬浮粒子控制要求

洁净度级别	悬浮粒子最大允许数/m³			
	静态		动态	
	≥0.5 μm	≥5.0 μm(2)	≥0.5 μm	≥5.0 μm
A 级	3 520	20	3 520	20
B 级	3 520	29	352 000	2 900
C 级	352 000	2 900	3 520 000	29 000
D 级	3 520 000	29 000	不作规定	不作规定

生产操作全部结束、操作人员撤出生产现场并经 $15 \sim 20$ min(指导值)自净后,洁净区的悬浮粒子应达到表中的"静态"标准。动态测试可在常规操作、培养基模拟灌装过程中进行,证明达到动态的洁净度级别,但培养基模拟灌装试验要求在"最差状况"下进行动态测试。

除了对悬浮粒子有要求外,洁净区域还要求对微生物进行动态监测,评估无菌生产的微生物状况。监测方法有沉降菌法、定量空气浮游菌采样法和表面取样法(如棉签擦拭法和接触碟法)等。动态取样应避免对洁净区造成不良影响。成品批记录的审核应包括环境监测的结果。对表面和操作人员的监测,应在关键操作完成后进行。在正常的生产操作监测外,可在系统验证、清洁或消毒等操作完成后增加微生物监测。具体标准见表4.2。无菌药品分为最终灭菌产品和非最终灭菌产品,其对生产操作环境的要求可分别参照表4.3、表4.4 中的示例进行选择。

表4.2 洁净区微生物监测的动态标准

洁净度级别	浮游菌 /(cfu·m⁻³)	沉降菌(φ90 mm) /(cfu·4 h)	表面微生物	
			接触(φ55 mm) /(cfu·碟⁻¹)	5 指手套 /(cfu·手套⁻¹)
A 级	<1	<1	<1	<1
B 级	10	5	5	5
C 级	100	50	25	—
D 级	200	100	50	—

表4.3 最终灭菌产品生产操作环境选择

洁净度级别	最终灭菌产品生产操作示例
C级背景下的局部A级	高污染风险[a]的产品灌装(或灌封)
C级	1.产品灌装(或灌封); 2.高污染风险[b]产品的配制及过滤; 3.眼用制剂、无菌软膏剂、无菌混悬剂等的配制、灌装(或灌封); 4.直接接触药品的包装材料和器具最终清洗后的处理
D级	1.轧盖; 2.灌装前物料的准备; 3.产品配制(指浓配或采用密闭系统的配制)和过滤; 4.直接接触药品的包装材料和器具的最终清洗

注:a.此处的高污染风险是指产品容易长菌、灌装速度慢、灌装用容器为广口瓶、容器需暴露数秒后方可密封等状况。

b.此处的高污染风险是指产品容易长菌、配制后需等待较长时间方可灭菌或不在密闭系统中配制等状况。

表4.4 非最终灭菌产品无菌生产操作环境选择

洁净度级别	非最终灭菌产品的无菌生产操作示例
B级背景下的A级	1.处于未完全密封[a]状态下产品的操作和转运,如产品灌装(或灌封)、分装、压塞、轧盖[b]等; 2.灌装前无法除菌过滤的药液或产品的配制; 3.直接接触药品的包装材料、器具灭菌后的装配以及处于未完全密封状态下的转运和存放; 4.无菌原料药的粉碎、过筛、混合及分装
B级	1.处于未完全密封[a]状态下的产品置于完全密封容器内的转运; 2.直接接触药品的包装材料、器具灭菌后处于密闭容器内的转运和存放
C级	1.灌装前可除菌过滤的药液或产品的配制; 2.产品的过滤
D级	直接接触药品的包装材料、器具的最终清洗、装配或包装、灭菌

注:a.轧盖前产品视为处于未完全密封状态。

b.根据已压塞产品的密封性、轧盖设备的设计、铝盖的特性等因素,轧盖操作可选择在C级或D级背景下的A级送风环境中进行。A级送风环境应至少符合A级区的静态要求。

(2)一般技术要求

生产工艺对温度和湿度无特殊要求时,空气洁净度A级、B级的洁净室(区)温度应为20~24℃,相对湿度应为45%~60%;空气洁净度C级、D级的洁净室(区)温度应为18~26℃,相对湿度应为45%~65%。

人员净化及生活用室的温度,冬季应为16~20℃,夏季为26~30℃。

洁净区与非洁净区之间、不同洁净区之间的压差应不低于10 Pa。必要时,相同洁净区内不同功能房间之间应保持适当的压差梯度。

洁净室(区)应根据生产要求提供足够的照度。主要工作室一般照明的照度值不宜低于300 lx;辅助工作室、走廊、气闸室、人员净化和物料净化用室(区)不宜低于150 lx。对照度有特殊要求的生产部位可设置局部照明。

非单向流的洁净室(区)噪声级(空态)应不大于60 dB(A)。单向流和混合流的医药洁净室(区)噪声级(空态)应不大于65 dB(A)。

2)生产区

生产区应重点考虑人流、物流规划、平面布局设计等,应遵循"三协调"原则,即人流物流协调、工艺流程协调、洁净级别协调。

(1)人流、物流规划

洁净厂房宜布置在厂区内环境清洁,人流物流不穿越或少穿越的地段,与市政交通干道的间距宜大于50 m。在总体布局上应注意各部分的比例适当,如占地面积、建筑面积、生产用房面积、辅助用房面积、仓储用房面积、露土和无露土面积等布局合理,还应考虑厂区以外100 m以内的环境影响。

按人、物分流原则,厂区设置人流出入口和物流出入口。货运出入口与工厂主要出入口分开,以消除彼此的交叉。货运量较大的仓库,堆场应布置在靠近货运大门。车间货物出入口与门厅要分开,避免与人流交叉。在防止污染的前提下,应使人流和物流的交通路线尽可能径直、短捷、通畅,避免交叉和重叠。生产负荷中心靠近水、电、气、冷供应源;短捷的生产作业线可使各种物料的输送距离较小、减少介质输送距离和耗损;原材料、半成品存放区与生产区的距离要尽量缩短,以减少途中污染。

(2)车间平面布置

生产区平面布局要综合考虑各种因素,确定合适、较小的生产空间,这不仅有利于减少环境清洁及消毒工作,也有利于节约能源。

①工艺流程布局。洁净厂房中人员和物料的出入门必须分别设置,原辅料和成品的出入口也要分开。极易造成污染的物料和废弃物,必要时可设置专用出入口,洁净厂房内的物料传递路线尽量要短;人员和物料进入洁净厂房要有各自的净化室和设施。净化室的设置要求与生产区的洁净级别相适应;生产区域的布局要顺应工艺流程,减少生产流程的迂回、往返;操作区内只允许放置与操作有关的物料和必要的工艺设备。要设置与产品生产洁净等级相适应的房间存储模具。

用于制造、贮存的区域不得用作非区域内工作人员的通道;人员和物料使用的电梯宜分开。电梯不宜设在洁净区内,必须设置时,电梯前应设气闸室。

用于药品包装的厂房或区域应合理设计和布局,以避免混淆或交叉污染。如同一区域内有数条包装线,应有隔离措施。邻近生产车间和中心储存库包装线房间要设置与生产规模相适应的物料暂存空间。

②房间的布局。空气洁净度高的房间或区域宜布置在人员最少到达的地方,并宜靠近空调机房;不同洁净级别的房间或区域宜按空气洁净度的高低由里到外布置;空气洁净度相同的房间宜相对集中;不同空气洁净度的房间之间相互联系要有防止污染措施,如气闸室、空气吹淋室或传递窗(柜)。称量室宜靠近原辅料室,其空气洁净度等级宜同配料室。

③人员净化用室。人员净化用室包括雨具存放室、换鞋室、存外衣室、盥洗室、洁净工作服室和气闸室或空气吹淋室等。厕所、淋浴室等生活用室,可根据需要设置。人员净化用室和生活用室的洁净要求应由外到内逐步提高,洁净级别可低于生产区。对于要求严格的洁净区,人员净化用室和生活用室应布置在同一层。人员净化用室的入口处应有净鞋设施;有空气洁净度要求的生产区内不得设厕所;为保持洁净区域的空气洁净度和正压,洁净区域的入口处应设置气闸室或空气吹淋室,气闸室的出入门应有防止同时打开的措施。

④物料净化用室。物料净化用室包括物料外包装清洁处理室、气闸室或传递窗(柜)。气闸室或传递窗(柜)的出入门应有防止同时打开的措施。

3)仓储区

仓储区要有足够的空间,按原料、辅料、包装材料、成品等设置专库,并划分合格品区、待验区、不合格品区,确保有序存放待验、合格、不合格、退货或召回的原辅料、包装材料、中间产品、待包装产品和成品等各类物料和产品。仓储区应有良好的通风和照明等仓储条件,确保能满足物料或产品的贮存条件(如温湿度、避光)和安全贮存的要求,且具备防鼠、防虫和防火要求的设施。对仓储区内的物料取样区应单独设置,且其空气洁净度级别应与生产要求一致。如果在其他区域或采用其他方式取样,也必须确保能防止污染或交叉污染。仓储区要尽可能靠近与其相联系的生产区域,减少运输过程中的混杂与污染。高活性的物料或产品以及印刷包装材料应贮存于安全的区域。

4)质量控制区

质量控制区的规模和布局应与企业的检验要求相适应,能满足各项检验的需要。质量控制区应与生产区相对独立,考虑到企业生产中的实际效率和管理,如抽样的方便,质量控制区可以和生产区合建,或者与质量保证办公管理区合建,也可独立建造,但应邻近生产区。质量控制区内检验、留样观察以及其他各类实验室应与药品生产区分开设置。阳性对照、无菌检查、微生物限度检查和抗生素微生物检定等实验室,以及放射性同位素检定室等应分开设置。无菌检查室、微生物限度检查实验室应为无菌洁净室,其空气洁净度等级不应低于 B 级,并应设置相应的人员净化和物料净化设施。抗生素微生物检定实验室和放射性同位素检定室的空气洁净度等级不宜低于 D 级;有特殊设置要求的仪器应设置专门的仪器室;原料药、中间产品质量检验对环境有影响时,其检验室不应设置在该生产区内。实验动物房应与其他区域严格分开,其设计、建造应符合国家有关规定,并设有独立的空气处理设施以及动物的专用通道。

5)辅助区

辅助区包括休息室、更衣室、盥洗室和维修间等。休息室的设置不应对生产区、仓储区和质量控制区造成不良影响,通常应分开设置。更衣室和盥洗室应方便人员出入,并与使用人数相适应。外衣和洁净工服应分室放置,外衣更衣柜每人一柜。盥洗室不得与生产区及仓储区直接相连,盥洗室的设置应考虑人员使用容易和便利,应设置洗手和消毒设施,宜采用手不直接接触的感应式水龙头。洁净工服洗衣室应设置在洁净区内。维修间应尽可能远离生产区。存放在洁净区内的维修用备件和工具,应放置在专门的房间或工具柜中。

4.1.4　特殊厂房设计要求

1）实验动物房的设计要求

药品质量检定离不开实验动物,用于药品检验的实验动物是"活仪器"和"活试剂"。按照实验动物微生物控制标准,可将实验动物分为4级。

一级普通动物[Conventional (CV) Animal]不携带主要人兽共患病原体和动物烈性传染病的病原体。这些动物饲养在开放系统环境中,通常只进行某种程度的清洁管理。

二级清洁动物[Clean (CL) Animal]要排除人畜共患病及动物主要传染病的病原体。这些动物饲养于半屏障系统(工作人员进入要穿无菌衣、帽,戴灭菌口罩和手套等)环境中。

三级无特殊病原体动物[Specific Pathogen Free (SPF) Animal]除达二级标准外,还不携带主要潜在感染或致病条件和对科学实验干扰大的病原体。这些动物饲养在屏障系统(以万级或10万级洁净室作为饲养室,工作人员进入要严格穿戴无菌衣、帽、口罩和手套等)环境中。

四级无菌动物[Germ Free (GF) Animal]体内外不可检出一切微生物。这些动物饲养在隔离系统(在有操作手套的容器中饲养动物的系统)环境中。

实验动物房应与其他区域严格分开,其设计、建造应符合国家有关规定,并设有独立的空气处理设施以及动物的专用通道。为保证动物实验结果的可靠性,实验动物环境应符合以下设计要求。

①选址:僻静、卫生,独立建筑,绿化。

②平面布置:有利于防止疾病的传播,方便工作人员操作,不形成交叉污染。实验动物房分为前区、控制区和后勤区。前区包括隔离检疫室、观察室、一般用品库房、办公室、休息室、卫生间等。控制区包括繁殖室、育种室、育成室、待发室、实验室、清洁走廊、清洁物品库等。后勤区包括一般走廊、洗刷消毒间、污物处理设施等。

③照明:无窗动物房使用荧光灯,要求12 h亮、12 h暗。有窗动物房可安装玻璃,以滤去紫外线。

④动物房环境净化采用空气净化系统、全新风和除臭等措施。

2）称量室与取样间的设计要求

原辅料称量通常应在专门设计的称量室内进行。设置固定的称量室是防止污染和称量差错的有效途径之一。称量室可按产品品种分散设置,也可集中设置。称量室常设在车间内靠近原辅料库的地方。根据原辅料的性质设置多个称量室时,分别使用独立的空气净化系统和除尘系统。多剂型、多品种的生产厂房常设置中心称量室。如果称量和前处理都是粉尘散发较严重的场所,要尽可能采用独立小空间,以利于排风和除尘;这些小称量室应保持负压状态。为减少积尘点,可设技术夹墙,以便管道敷设。称量室宜使用自净循环系统,这样可以省去专门的除尘系统,以创造洁净环境。

取样间的空间洁净级别要与生产投料区相同。取样间最好设置在靠近仓库的待检区,单独配置缓冲间、空气净化系统以及防止污染和混药的必要设施。无菌生产用物料有严格的微生物要求,应根据企业实际情况合理设置取样间。

3）QC实验室的设计要求

质量控制实验室的设计应确保其适应于预定的用途,并能够避免混淆和交叉污染。应有足够的区域用于样品处置、留样和稳定性考察、样品存放以及记录保存。必要时,应设置专门的仪器室,使灵敏度高的仪器免受静电、震动、潮湿或其他外界因素的干扰。质量控制实验室、中药标本室通常应与生产区分开;生物检定、微生物和放射性同位素的实验室应彼此分开。处理生物或放射性样品等特殊物品的实验室应符合国家的有关要求。

对于原料、包装材料、中间体和产品进行理化鉴别、含量测定和其他检验的实验室,各项分析操作均应有单独的、适宜的区域,如送检样品储存区、试剂仓库、清洁洗涤区、观察室、分析实验室、数据处理区以及人员用室等。实验室应有空气温度、湿度监视装置等,周围应无明显污染源。

无菌产品的检测及有关空气洁净度中沉降菌和浮游菌的测定在无菌室进行。无菌室的设计要求与无菌产品的生产场所相同,其建筑装饰材料、消毒措施和单独的空气净化装置应俱全;人流、物流应分开。加速稳定性实验室应有单独的空气处理装置,同时安装自动记录温度、湿度的仪器,以便连续监控环境参数。

4.1.5 厂房设施管理

1)人员进入洁净厂房管理

在洁净环境微生物污染控制和产品安全方面,人员是最大的风险之一。洁净室内的发尘量来自建筑表面的很少,一般占10%以下(经空气净化),发尘主要来自于人,约占90%。人自然活动时,每分钟能产生千百万个微粒(大于0.3 μm),大部分粒子是皮屑,其大小为10~300 μm,见表4.5。

表4.5 人体所散发的粒子数

状态	散发粒子数/(万个·min^{-1})	状态	散发粒子数/(万个·min^{-1})
站	10	走	500~1 000
坐	50	爬楼梯	1 000
站起、坐下	100~250	运动	1 500~3 000

洁净室内当工作人员穿无菌工作服时,静止时的发菌量一般为10~300个/(min·人),躯体一般活动时的发菌量为150~1 000个/(min·人),快步行走时的发菌量为900~2 500个/(min·人)。咳嗽一次的发菌量一般为70~700个/(min·人),打喷嚏一次的发菌量一般为4 000~60 000个/(min·人)。

企业应建立管理流程,定期对进入洁净厂房的生产人员进行培训。当体表有伤口、患有传染病或其他可能污染药品疾病时,生产人员要及时报告。主管和医务人员有责任对其进行必要的隔离和监督,避免其直接接触药品。应建立生产区域人员进入权限制度,通过设立门禁系统或中央监控系统等硬件设施,严格控制非生产人员进入生产区域和不同生产区域的人员的流动。

外部非生产人员不得不进入生产区域时,必须有人员陪同,指导并监督执行洁净区域的更衣流程和个人卫生事项要求。如不得化妆和佩戴饰物;生产区、仓储区应当禁止吸烟和饮食,禁止带入食品、饮料、香烟和个人用药品等非生产用物品;避免裸手直接接触药品、与药品直接接触的包装材料和设备表面等。

对人本身而言,既不能灭菌、除菌,也不能消毒,以致成为污染无菌环境的主要因素。无菌的衣服、鞋套、手套、帽子、口罩以及眼镜对所有要进入无菌区的人来说是绝对必需的。人员进入无菌区之前,必须更换洁净服并吹淋、洗澡、消毒。这些措施就是"人身净化",简称"人净"。

一般的"人净"程序:

人→门厅→更鞋(1)→更衣(1)→更鞋(2)→更衣(2)→风淋(气闸)→控制区。

进入无菌洁净室(区)的生产人员净化程序如图4.2所示。

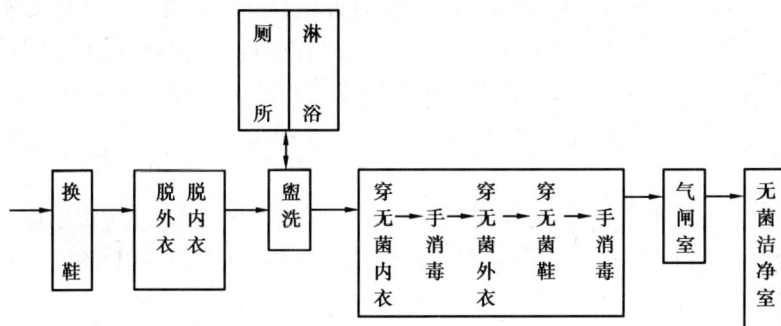

图4.2 进入无菌洁净室(区)的生产人员净化程序

2)物料净化

物料是指原料、辅料和包装材料等。各种物料或物件在送入洁净区前必须经过清洁或净化处理,简称"物净"。物料净化用室是物料在进入洁净区之前按一定程序进行净化的房间。

一般的物净程序:物品→前处理→消毒→控制区。

药品生产企业物料路线与人员路线应尽最大可能分开,物料进入洁净室应先粗净化处理。一般物净有3类:一类为能脱掉外包装的物料,物净时将外纸箱去除,并清洁内包装;一类为不能脱掉外包装的物料,如药用淀粉,若强行除去外侧塑料编织袋,则有可能造成内层塑料袋破损,可直接清洁外包装即可,通常用蘸有适量消毒剂的抹布擦拭外表面即可;还有一类为一次性带入的物料,如书写用具,应直接清洁外包装。

3)清洁和消毒管理

洁净厂房内表面必要时可采用化学的、物理的或其他方式进行定期的清洁和消毒,杀灭病源微生物,使微生物总量控制在洁净环境日常监测的范围内,以防止微生物对生产车间环境可能的影响及污染。清洁剂应具有高效、环保、无残留、水溶性强、浓度明确或配制简便等特性,一般现配现用。要使用符合卫生部颁布的《消毒管理办法》要求的消毒剂,每月轮换交替使用,以防止微生物产生耐受性。清洁消毒的对象包括墙面、地面、设备、地漏、洗手池、空调风口等,所有的清洁项目应达到无尘、无痕、无脱落物、整洁的标准。清洁消毒工作结束后应及时进行记录。要通过季度和年度环境监测报告数据分析、评估验证消毒方法的有效性。厂房设施清洁管理最终要做到"一平""二净""三见""四无":"一平"即厂房四周清洁平整。"二净"即玻璃、门窗净、地面通道净。"三见"即轴见光、沟见底、设备见本色。"四无"即无油垢、无积水、无杂物、无垃圾。

4)防虫防鼠管理

厂房的设计应考虑设置能防止昆虫或其他动物进入的措施。要结合原辅物料特性及建筑物的特点,制定切实有效的防虫防鼠措施。常见的防虫措施包括风幕、灭虫灯、粘虫胶。防鼠措施包括灭鼠板、超声波驱鼠器、捕鼠笼、外门密封条、挡鼠板等,禁止使用药物防鼠。

5)厂房设施维护和竣工图管理

厂房设施主管部门应建立厂房设施的日常检查流程,制定厂房设施完好标准,定期对厂房设施进行维护保养,将厂房设施对生产活动的潜在不良影响降到最小。检查范围包括:生产车间地面、墙面和吊顶、建筑缝隙(如外窗、外门、喷淋头、空调风口、灯具等)、建筑物外墙和屋面防水、技术夹层和空调机房等。必须在生产环境下进行的维护作业应有相应的环境保护措施。施工时可能会产生交叉污染的,必须得到质量管理部门评估并完成相关培训后方可进行施工。对可能引起质量风险的厂房设施的变更,要遵守变更管理流程,经过相关部门综合评估后,方可实施。

要建立厂房设施竣工图清单,每年进行一次现场确认和更新,并标明更新原因。厂房设施因技改项目发生改变时,相关图纸必须得到及时更新,否则不能通过项目验收。

4.2　设　备

设备的设计、选型、安装、改造和维护必须符合预定用途,应尽可能降低产生污染、交叉污染、混淆和差错的风险,便于操作、清洁、维护,以及必要时进行的消毒或灭菌。设备管理包含从选购、安装调试、验收验证、使用维修、直至报废的全过程管理。加强设备的维护和管理不仅是对设备财产的爱护,更主要是为了维护设备的性能,以确保生产的产品质量均一、稳定。

4.2.1　设备基本要求

药品 GMP 主要目的是保证能够按照设计的工艺生产出符合预定用途和质量的产品,并保证在生产过程中防止差错、污染和交叉污染。GMP 对设备使用、清洁和状态标识等作出了详细规定,要求依据设备性能、生产工艺和产品特性,对设备的操作、清洁、标识、使用记录以及验证等过程进行规范管理;对关键和特殊设备如自动化设备、生产模具加强控制;采取措施避免设备使用过程中污染、交叉污染和混淆的产生,降低污染环境的风险。

1)设备的选择原则

①设备的设计和选型要与生产规模及批生产量相适应,主要设备的能力应与水、电、气、冷等公用工程系统相配套。

②设备的结构要尽可能简单,需要清洗和灭菌的零部件应易于拆装,不便拆装的要设清洗口。设备表面应光滑、易清洁,与物料直接接触的设备表面应光洁、平整、耐腐蚀、易清洗、易消毒,以减少藏污纳垢的死角。无菌室的设备还要满足能够被灭菌的要求。

③凡与药物接触的设备表面均应采用不与其反应、不释放出微粒及不吸附物料的材料。

设备及管道表面应耐腐蚀,不与药品发生化学反应、不吸附药品、不释放微粒,避免因设备自身材质的原因影响产品质量。

④设备所用的润滑剂、冷却剂等不得对药品或容器造成污染,关键设备尽可能不用或者少用润滑剂,可采用无油润滑方式进行润滑,或选用磁力搅拌等方式进行搅拌;确实需要时,应采取有效措施避免泄漏污染药品或者容器,并尽量采用食用级的润滑剂。

⑤灭菌设备应与药品生产要求相适应,宜采用双扉门,配有监测内部工作情况的仪器或装置。

⑥选取生产设备时应尽可能选用自动化程度高的设备,可降低人工操作带来的偏差与污染。生产设备的设计必须易于验证,必要时应有专门的验证接口,重要的仪表应易于拆卸矫正。

2) 设备除尘和防污染要求

①药液过滤时,不得使用可能释放出纤维的过滤装置。严禁使用含石棉的过滤器。过滤器不得因与产品发生反应、稀释物质或吸附作用而对产品质量造成不利影响。

②对生产中发尘量大的设备,如粉碎、过筛、混合、制粒、干燥、压片、包衣等设备,宜加设吸尘和拣除异物装置。

③与药物直接接触的干燥空气、压缩空气、惰性气体等应设置净化装置,经净化处理后,气体所含微粒和微生物应符合规定的洁净度要求;应定期检查除菌过滤器和呼吸过滤器的完整性。

④设备的保温层表面必须平整、光洁,不得有颗粒性物质脱落,表面不得用石棉水泥抹面,宜采用金属外壳保护。

⑤干燥设备进风口应有过滤装置,出风口应有防止空气倒流装置。

⑥药材的筛、选、洗、切、蒸、炒、炙、煅应分别选用符合操作要求的设备或专用设备,并不得影响药材质量。毒性药材应使用专门设备、容器及辅助设施。

⑦提取、浓缩设备宜密闭,药液输送管道应易于清洗、消毒或灭菌,防止药液滞留。

3) 设备布局及安装要求

①设备应按工艺流程合理布局,使物料按同一方向顺序流动,避免重复往返。设备安装在跨越不同洁净度级别的房间或墙面时,除考虑将其固定外,还应采用可密封隔断装置;除传送带本身能连续灭菌(如隧道式灭菌设备)外,传送带不得在 A/B 级洁净区与低级别洁净区之间穿越。

②设备安装应考虑到易于清洁及保持生产过程中的清洁卫生。一般设备应安装在净化送风的上气流侧,对粉尘大的工序的设备应安装在厂房除尘罩下方并远离净化送风口。

③设备应按规定程序安装,调试验收,合格后,方可正式验收。

④管道的连接,如工艺用水管道等,尽量采用内外表面都比较光洁的管道进行自动焊接,少用卡箍连接,不得使用螺纹连接,以避免产生死角;尽量选用隔膜阀,不得选用球阀。

⑤对于保温材料、密封材料、过滤材料、垫圈垫片等,要求无毒、无污染,而且不能对药品、环境产生影响,保温层应由不锈钢等材料紧密包裹,不外露。

4) 设备使用、维护和清洁

①生产和检验设备都应有明确的操作规程,并确保生产设备在确认的参数范围内使用。

应制订设备的预防性维护计划和操作规程;设备的维护和维修应有相应的记录;设备的维护和维修不得影响产品质量。经改造或重大维修的设备应进行再确认,符合要求后方可用于生产。

②应按详细规定的操作规程清洁生产设备。清洁操作规程中应对清洁剂的名称和配制方法、保护已清洁设备在使用前免受污染的方法、已清洁设备最长的保存时限等进行规定。如需对设备消毒或灭菌,还应规定消毒或灭菌的具体方法、消毒剂的名称和配制方法。必要时,还应规定设备生产结束至清洁前所允许的最长间隔时限。

③已清洁的生产设备应在清洁、干燥的条件下存放。

④用于药品生产或检验的设备和仪器,应有使用日志;生产设备应有明显的状态标志,标明设备编号和内容物(如名称、规格、批号);主要固定管道应标明内容物名称和流向;没有内容物的应标明清洁状态。

⑤不合格的设备如有可能应搬出生产和质量控制区,未搬出前,应有醒目的状态标志。

5)仪器校准

①应按照操作规程和校准计划定期对生产和检验用衡器、量具、仪表、记录和控制等设备和仪器进行校准和检查,并保存相关记录。校准的量程范围应涵盖实际生产和检验的使用范围。

②应使用计量标准器具进行校准,且所用计量标准器具均应符合国家有关规定。校准记录应标明所用计量标准器具的名称、编号、校准有效期和计量合格证明编号,确保记录的可追溯性。

③在生产、包装、仓储过程中使用自动或电子设备的,应按操作规程定期进行校准和检查,确保其操作功能正常。校准和检查应有相应的记录。

4.2.2 设备管理

1)设备购置

制药设备生产企业众多,制药设备种类繁多,制药生产企业在设备选购时首先要考虑设备的适用性,使用能力要能达到药品生产质量的预期要求,能保证所加工的药品具有最佳的纯度和均一性,同时,也要考虑制药设备生产企业的经济实力和售后服务质量和能力。其次,设备不得与所加工的产品发生反应,设备不得释放可能影响产品质量的物质。每台新设备在正式用于生产前,要做适用性分析(论证)和设备验证工作。制药设备的购置通常分六个阶段完成:计划阶段、设计阶段、采购阶段、工厂测试阶段、安装调试阶段、验证阶段。每个阶段都要进行相应的确认和验证工作,综合考虑生产、设备操作、产品工艺、质量控制、设备维修、生产效率等诸多因素,评价设备防污染、防交叉污染和防差错能力。

①设备传动结构应尽可能简单,宜采用连杆机构、气动机构、标准件传动机构。

②接触药品的设备表面应光洁、无死角,易清洗。接触药品的材料应采用不与其发生反应、吸附或向药品中释放有影响的物质,多采用超低碳奥氏体不锈钢、聚四氟乙烯、聚丙烯、硅橡胶等材料。禁止使用吸附药品组分和释放异物的材料,如石棉制品。

③设备的润滑和冷却部位应可靠密封,防止润滑油脂、冷却液泄漏对药品或包装材料造成污染,对有药品污染风险的部位应使用食品级润滑油脂和冷却液。

④对生产过程中释放大量粉尘的设备,应局部封闭并有吸尘或除尘装置,并经过过滤后排放至房外,设备的出风口应有防止空气倒灌的装置。

⑤易发生差错的部位应安装相应的检测装置,并有报警和自动剔除功能。

2) 设备档案管理

通常由企业工程部门指定专人负责设备档案的管理工作。设备管理人员要重视设备资料的建立、健全、检查和整理工作,设备管理人员要定期核对账、卡、物,做到账、卡、物项目内容相符。主要生产设备转入固定资产管理的同时,即应建立设备档案。

设备档案资料内容包括:设备订货合同、出厂合格证、出厂精度、性能检测记录;装箱单及附件、工具明细表;开箱验收单;安装、调试验收单;运转情况记录、设备验证记录;设备润滑记录;设备检修记录;设备备品、备件目录;设备使用说明书、电器说明书、随机图纸、图册;备件图纸;设备附件增减、更新记录;设备大修记录、完工报告、质量检查记录;设备改造申请书、说明书、图纸、鉴定结果;设备标准操作规程;设备技术档案等。

要建立一套规范的设备技术资料管理模式,保证设备资料的编写、修订、存档、发放及收回工作可靠有序,能及时、准确无误地提供完整的资料,使生产、维修活动得以正常进行。

3) 设备使用和清洁

药品的产出主要通过设备实现。按照 GMP 要求:清洁、维护、维修、使用等都应有相对应的文件和记录;所有活动都应由经过培训合格的人员进行;每次使用后及时填写设备相关记录和设备运行日志;设备使用或停用时状态应显著标识。同时,设备使用过程中应明确环境、健康、安全管理方面的要求,不仅要规定设备使用过程中对人员、设备安全保障、劳动防护等方面的措施,还应在避免设备使用过程中释放的废水、废气、噪声等对环境、人员安全健康造成损害方面提出相关要求及控制。

对用于药品制造、包装、存储的自动化设备、电子设备,包括计算机及相关系统等,使用前需进行功能测试,以确保设备、设施能够满足规定的要求。需要建立书面的程序,对投入使用的此类设备日常校准、检查、核准等作出规定,并保存相关确认验证和检查记录,以确保设备、设施符合规定的性能要求。

自动化设备、电子设备等的生产、控制记录、参数和信息改变必须由得到授权的人员进行,确保这些设备、设施和系统的输入、输出信息准确无误。输入输出确认的繁简与频次应视设备、设施及系统的复杂程度而定。

对所有生产和检验设备,应建立操作、清洁及其他相关的标准操作规程,严格按照标准操作规程进行设备的使用、清洁,并确保设备经清洁后残留物质等不对后续使用造成污染或交叉污染。设备清洗中使用的清洗剂要有明确规定,不能使用含致病菌、有毒金属离子、异味的水和溶剂进行设备清洗。已清洁设备存放环境应与生产过程环境保持一致,清洁的方法和效果应做清洁验证。

4) 设备状态标识

设备及其所有管路的状态标识管理是避免差错事故的发生和方便管理的有效措施。药品生产企业应建立生产和检验设备状态标识管理的相关程序,明确适用范围、职责权限划分、规定管理过程的工作程序和内容等。正常设备的状态标识分为生产设备状态标识、公用工程设备及固定管道设施的状态标识、测量及检验设备状态标识、特殊产品及过程设备状态标识。

对生产过程中的设备运行状态标识进行管理,明确各种状态的定义及标识,主要包括正在生产中、已清洁、待清洁、维修、试机及其他须如实填写的内容。生产设备运行状态标识卡由操作人员负责根据现场情况更换,更换后的标识卡可作销毁处理,不必存档。

对公用工程设备、固定管道设施应进行编号和运行状态标识管理。应制定设备编号规则,将设备编号固定于设备显著位置,同时应将设备编号登记造册,适时维护更新,并保存变更记录。设备关键信息,主要包括设备名称、型号规格、生产厂家、出厂日期、设备能力、额定功率、电压、电流、转速、压力等参数,应以适宜的形式(如铭牌等)标识在设备显著位置。应明确各种状态及标识的定义,以明确的文字和标识对管道内容物和流向进行标识。定期对标识进行检查和维护。

对测量、检验设备,除了将设备关键信息(主要包括设备名称、型号规格、生产厂家、出厂日期、设备能力,需要时还包括额定功率、电压、电流、转速、压力等参数)以适宜的形式(如铭牌等)标识在设备显著位置外,还应对其使用状态标识和校准记录管理。所有经校准合格的测量、检验设备必须将合格标识固定于设备易于发现的位置。合格标识应主要包括设备编号、校准期限、有效期、校准人等内容。测量、检验设备使用人员在使用前必须保证设备状态标识正常,确保使用中的设备处于合格状态。对校验结果异常的测量、检验设备,也需进行状态标识管理。对禁用、暂停使用、限制使用的设备,需使用与合格状态标识不同的标识予以区分。特殊状态下的设备标识如维修维护设备状态标识、停用设备状态标识、报废设备状态标识,也应有相应的管理程序。

所有设备状态标识及相关记录等应以适宜的形式存放在操作人员可以及时、方便获取的作业现场。

5)设备的维护

设备维护的目的是为了降低设备发生故障的概率,为设备可持续生产出高质量的产品提供保证。设备的维护可分为检查、维修及保养3类;也可分为预防性维护和设备故障后的维修两类。

设备维护人员应定期对设备进行维护,防止设备故障或污染对药品的安全性、均一性、有效性以及含量、质量、纯度等造成影响。设备的维护要有相应的书面操作规程。如维护涉及与物料接触的部分,维护后应及时对设备进行清洁,以保证再次使用时不会对产品质量造成影响。设备的维护和维修还应有相应的记录。

6)仪器、仪表使用与校验

各类仪器仪表必须按照药典、计量部门或出厂说明书的规定使用,使用前必须经过调试和校准,符合要求后,方可投入使用。操作人员应严格按操作规程正确使用,用后登记并签字。各种检验仪器的校验、维护、保养等必须严格按照SOP进行,校验、维修、保养均应做好记录。

所有检验仪器均应造册登记,精密仪器还应建立档案,内容包括编号、品名、规格、型号、生产厂家、购进日期、使用范围、调试时间、启用时间、鉴定周期、鉴定情况记载、技术资料和合格证、历次维修时间记录、使用说明书、零部件清单。仪器、仪表原则上由使用部门专人负责正常的保养,需要拆装的定期保养由工程部按仪器、仪表保养计划执行。

用于生产和质量控制的仪器、仪表、量具、衡器等,其适用范围和精密度要符合生产和质量控制要求,要根据当地计量监督部门的要求制订年度校验计划,按期校验,校验合格的仪器仪表贴有合格证,合格证上注明有效期和校验日期。计量器具应建立明细表和精密仪器档案,要有检定记录和使用记录。仪器、仪表的校验必须由国家法定的计量器具检定部门进行检定。

4.2.3　制药用水

1) 制药用水的总体要求

在药品生产及其检测过程中,水是使用最广泛的物质。水具有极性和氢键,能够溶解、吸收、悬浮许多不同的化合物。水中的杂质在药品生产的不同阶段可能与药品自身发生不可预见的反应,可能会影响产品质量。制药用水通常从制水系统中获得。在制药用水处理、储存和分配过程中,水的质量(包括微生物学和化学质量)控制是关注的焦点。水中某些微生物检验可能需要一段培养时间,水的检验结果很可能滞后于水的使用,制水系统的设计、监控、维护等是保证制药用水符合预期用途的基础。某些微生物可能在水处理环节、储存环节或分配环节繁殖,应优先考虑控制制药用水的微生物学质量。通过日常的消毒和各种防止微生物繁殖的措施尽量避免污染至关重要。药品不同给药方式对水有不同等级要求,制药用水的总体要求如下:

①制药用水的生产、储存和分配系统的设计、安装、运行、验证和维护,应能确保其能够稳定、可靠生产出符合预期用途的水。水的生产、储存和分配方式应能防止微生物、化学和物理(如灰尘和脏物)污染物超出允许的范围。

②在安装、试运行、验证后,日常的运行维护对制水系统的验证和正常使用关系重大,应建立日常的监控、预期维护计划。如果发生计划外维护、变更后,制水系统应经过质量保证部(QA)批准方可使用。

③应制订运行参数和关键水质参数的监测计划,定期监测原水和产水的质量。应监控纯化、储存和分配系统的性能,并将上述监测结果和所采取的措施进行记录并按要求归档保存,便于在制水系统运行一段时间后进行回顾性分析。

④制水系统应定期进行清洗消毒,清洗消毒可采用热处理或化学处理等方法。采用的清洗消毒方法应经过验证。

2) 制药用水分类

水在制药工业中是应用最广泛的工艺原料,用做药品的成分、溶剂、稀释剂等。制药用水通常指制药工艺过程中用到的各种质量标准的水。在《中国药典》2010 版附录中,制药用水分为以下 4 类,其应用范围见表 4.6。

①饮用水:为天然水经净化处理所得的水,其质量必须符合现行中华人民共和国国家标准《生活饮用水卫生标准》。

②纯化水:为饮用水经蒸馏法、离子交换法、反渗透法或其他适宜的方法制得的制药用水。不含任何添加剂,其质量应符合纯化水项下的规定。

③注射用水:为纯化水经蒸馏所得的水。应符合细菌内毒素试验要求。注射用水必须在防止细菌内毒素产生的设计条件下生产、储藏及分装。其质量应符合注射用水项下的规定。

④灭菌注射用水:为注射用水照注射剂生产工艺制备所得的注射用水。不含任何添加剂。其质量应符合灭菌注射用水项下的规定。

表4.6 制药用水应用范围

类别	应用范围
饮用水	药品包装材料粗洗用水、中药材和中药饮片的清洗、浸润、提取等用水 药材净制时的漂洗、制备用具的粗洗用水。除另有规定外,也可作为药材的提取溶剂 非无菌药品的配料、直接接触药品的设备、器具和包装材料最后一次洗涤用水、非无菌原料药精制工艺用水、制备注射用水的水源、直接接触非最终灭菌棉织品的包装材料粗洗用水等
纯化水	配制普通药物制剂用的溶剂或试验用水;中药注射剂、滴眼剂等灭菌制剂所用饮片的提取溶剂;口服、外用制剂配制用溶剂或稀释剂;非灭菌制剂用器具的精洗用水;非灭菌制剂所用饮片的提取溶剂。不得用于注射剂的配制与稀释
注射用水	直接接触无菌药品的包装材料的最后一次精洗用水、无菌原料药精制工艺用水、直接接触无菌原料药的包装材料的最后洗涤用水、无菌制剂的配料用水等 配制注射剂、滴眼剂等的溶剂或稀释剂及容器的精洗
灭菌注射用水	灭菌注射用灭菌粉末的溶剂或注射剂的稀释剂

3) 制药用水制备

(1) 原水

原水水质应达到饮用水标准,方可作为制药用水或纯化水的起始用水。如果原水是井水,则有机物负荷不会太大;如果是地表水(湖水、河水或水库水),则会含有较高水平的有机物;市政供水(自来水)虽然经过了自来水厂沉淀、过滤和氯离子处理,但杂质仍然较多。故原水在使用前还必须进行过滤(如活性炭过滤),并根据需要加入凝结剂、软化剂、氧化剂、杀菌剂等处理,直至达到或超过我国饮用水卫生标准。

(2) 纯化水

纯化水制备方法很多,主要有:离子交换法、电渗析、电去离子法(EDI, Electro Deionization)、反渗透法、大孔树脂法、过滤法等。通常情况下纯化水制备系统的配置方式根据地域和水源的不同而不同,目前,国内纯化水制备系统的主要配置方式如图4.3所示。

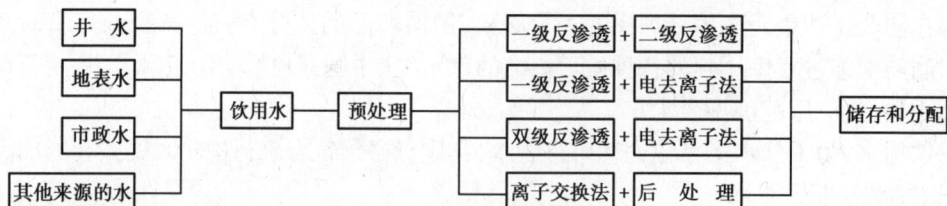

图4.3 纯化水制备方案

纯化水的制备是以原水为原料逐级处理而完成的。除了要达到药典规定的纯化水标准外,在选择处理方法时还应考虑方便、经济合理。为确保所有使用点的水符合纯化水要求,纯化水系统需要定期水质监测和消毒。

（3）注射用水

注射用水与纯化水的区别主要在于内毒素的限制要求。《中国药典》2010版规定，注射用水是使用纯化水作为原料水，通过蒸馏的方法来获得。注射用水的制备通常通过单效蒸馏、多效蒸馏、热压式蒸馏3种方式获得。

注射用水还可通过纯蒸汽制备来获得。纯蒸汽通常是以纯化水为原料水，通过纯蒸汽发生器或多效蒸馏水机的第一效蒸发器产生的蒸汽，经蒸发、分离（去除微粒及细菌内毒素等污染物）后，在一定压力下输送到使用点。纯蒸汽冷凝时要满足注射用水的要求。纯蒸汽发生器应设置取样器，用于在线检测纯蒸汽的质量，其检验标准是纯蒸汽冷凝水是否符合注射用水的标准，在线检测的项目主要是温度和电导率。

4）制药用水的储存与分配

通常所说的制药用水储存和分配是针对纯化水和注射用水而言的。制药用水的储存设备及分配方式直接影响药品质量合格与否。通常采用贮罐来储存制药用水以缓和水系统高峰流量的要求。储存系统必须按照保持和保护水质的要求设计，以确保最终使用时的水质。纯化水和注射用水在分配过程中所用到的设备设施包括水泵、阀门和管道等，其设计、安装、连接应尽量考虑缩短输送距离、避免死角、排除盲管、保持密封等技术要求，防止微生物的滋生及污染。制药用水储存和输送系统通常采用316 L不锈钢等无毒、耐腐蚀的材料，贮罐的通气口应安装不脱落纤维的疏水性除菌滤器，并确保滤芯的密封性。

纯化水和注射用水的输送可采用循环输送的方式防止滋生微生物，注射用水循环输送要求维持温度在70 ℃以上保温循环。对制药用水及原水的水质应定期检测，并作相应的记录。水系统的清洗消毒也是水系统管理的重要内容，应按照操作规程对纯化水、注射用水管道进行定期清洗消毒，并作相应记录。发现制药用水微生物污染达到警戒限度、纠偏限度时应按照操作规程处理。

• **本章小结** •

厂房、设施与设备作为硬件，是实施GMP与药品生产的平台，直接关系到药品质量。厂房设施的合理设计和实施，是规避生产质量风险最基本、最重要的前提，包括合适的空间设计，合理的人流、物流设计，合理的工艺布局及使用合适的建筑装修材料等。厂房设施的管理主要包括洁净厂房人员进入管理、洁净厂房的清洁和消毒管理、防虫防鼠管理、厂房建筑维护和竣工图管理等。药品生产企业质量控制区总体平面布局、建筑布局、功能布局均应符合GMP要求。洁净厂房内应设置与生产规模相适应的原辅材料、半成品、成品存放区域，且尽可能靠近与其相联系的生产区域，减少运输过程中的混杂与污染。存放区域内应安排待验区、合格品区和不合格品区。设备的设计、选型、安装应符合生产要求，易于清洗、消毒和灭菌，便于生产操作和维修、保养，并能防止差错、污染。设备档案管理、使用和清洁、设备的状态标识、设备的维护保养、仪器仪表校验是设备管理的重要内容。厂房、设施与设备清洁管理要做到"一平""二净""三见""四无"："一平"即厂房四周清洁平整。"二净"即玻璃、门窗净、地面通道净。"三见"即轴见光、沟见底、设备见本色。"四无"即无油垢、无积水、无杂物、无垃圾。厂房、设施与设备作为生产平台，在进行工艺设计时应考虑不应该对周围环境造成污染。

复习思考题

1. GMP 对制药厂房的选址和总平面布局有哪些要求?

2. 简述药品生产受控环境的基本要求。

3. 药品生产企业如何进行人流、物流规划?

4. 制药生产车间平面布置应满足哪些方面的要求?

5. 如何按 GMP 要求进行制药厂房设施的管理?

6. 制药设备的管理主要从哪些方面着手?

7. 请你就"哈药污染门"事件谈谈自己的看法。

第5章 物料与产品

📖【学习目标】

1. 熟悉 GMP 对物料与产品管理的原则要求。
2. 掌握物料与产品管理的基本流程和各环节管理要点。
3. 具备从事物料与产品管理的基本能力。

案例导入

"刺五加案件"

2008 年 12 月 2 日,云南省红河州人民检察院以涉嫌销售假药罪,对原黑龙江完达山药业股份有限公司云南片区销售经理张某、完达山药业股份有限公司质量保证部部长王某提起公诉,追究两被告刑事责任。

2008 年 7 月 1 日,昆明下大雨,云珊医药公司仓库进水造成部分药品被淹(其中包括完达山药业股份有限公司 3 个批次 100 mL 刺五加注射液)。7 月 4 日,张某写报告向厂里申请 91 套全套药品包材,报告经完达山药业股份有限公司质量保证部部长王某等人审批,决定给张某提供包材。张某拿到包材后,在云珊公司仓库直接进行了更换。红河州第四人民医院给患者使用了该批刺五加注射液后,几名患者均出现了不同程度的腹泻、寒战、高烧不退、恶心呕吐、大小便失禁等不良反应,最终 3 人死亡,3 人受伤。经司法鉴定中心鉴定:死亡原因是因注射受污染的刺五加注射液造成的。完达山药业公司生产的刺五加注射液被雨水浸泡受到细菌污染后未进行质量复查直接更换包装销售,公司质量管理存在严重缺陷,造成了严重后果。

物料与产品管理是指药品生产过程中物料与产品的接收、贮存、发放、使用和发运等过程的管理。企业必须建立物料和产品管理系统,细化管理内容,确保物料和产品的质量,保证为生产提供符合质量标准的物料、为用户提供合格的成品。

5.1 概 述

5.1.1 物料与产品分类

制药企业生产过程中涉及的物料与产品包括原料、辅料、包装材料、中间产品、待包装产品和成品等。

1）物料

物料是指原料、辅料和包装材料等，广义的物料也包括中间产品、待包装产品和成品。其中，原辅料是除包装材料外，药品生产中使用的任何物料；原料指药品生产过程中使用的所有投入物，辅料除外；辅料指生产药品和调配处方时所用的赋形剂和附加剂；包装材料指药品包装所用的材料，包括与药品直接接触的包装材料和容器、印刷包装材料，但不包括发运用的外包装材料。其他与产品质量相关的辅助物料有气体、与产品直接接触的操作手套、清洁消毒剂、生产耗材、润滑油等生产相关物品。

化学药品制剂的原料是指原料药；生物制品的原料是指原材料；中药制剂的原料是指中药材、中药饮片和外购中药提取物；原料药的原料是指用于原料药生产的除包装材料以外的其他物料。

2）产品

产品包括药品的中间产品、待包装产品和成品，广义的产品还包括不合格的产品，退货、返工、回收及回收处理后的产品等。其中，中间产品指完成部分加工步骤的产品，尚需进一步加工方可成为待包装产品；待包装产品指尚未进行包装但已完成所有其他加工工序的产品；成品指已完成所有生产操作步骤和最终包装的产品。

3）特殊管理的物料和产品

特殊管理的物料和产品主要包括麻醉药品、精神药品、医疗用毒性药品（包括药材）、放射性药品、药品类易制毒化学品及易燃、易爆和其他危险品。

5.1.2 GMP 对物料与产品管理原则要求

物料与产品管理涵盖从各种物料进厂到成品出厂的全过程，GMP 对物料与产品管理提出了原则性要求。

①药品生产所用的原辅料、与药品直接接触的包装材料应符合相应的质量标准。药品上直接印字所用油墨应符合食用标准要求。进口原辅料应符合国家相关的进口管理规定。

②应建立物料和产品的操作规程，确保物料和产品的正确接收、贮存、发放、使用和发运，防止污染、交叉污染、混淆和差错。物料和产品的处理应按照操作规程或工艺规程执行，并有

记录。物料接收和成品生产后应及时按照待验管理,直至放行。

③物料供应商的确定及变更应进行质量评估,并经质量管理部门批准后方可采购。

④物料和产品的运输应能满足其保证质量的要求,对运输有特殊要求的,其运输条件应予以确认。

⑤原辅料、与药品直接接触的包装材料和印刷性包装材料的接收应当有操作规程,所有到货物料应检查,以确保与订单一致,并确认供应商已经质量管理部门批准。

⑥物料和产品应根据其性质有序分批贮存和周转,发放及发运应符合先进先出和近效期先出的原则。

⑦使用计算机化仓储管理的,应有相应的操作规程,防止因系统故障、停机等特殊情况而造成物料和产品的混淆和差错。使用完全计算机化仓储管理系统进行识别的,物料、产品等相关信息可不必以书面可读的方式标出。

5.1.3　物料与产品管理流程

科学合理的物料与产品管理流程对于保证药品生产管理至关重要,物料与产品管理的基本流程如图5.1所示。

5.1.4　物料与产品质量标准

物料与产品质量标准详细阐述生产过程中所用物料或所得产品必须符合的技术要求,应通过书面方式建立(详见第7章有关内容)。

药用辅料及包装材料的标准尚不完善,在安全无毒、性质稳定、不与药品反应、不影响药品质量的前提下,可参考国际上通用的药典。需要注意的是,在使用无法定标准的物料时应按规定向药品监督管理部门备案。

进口药品原料必须经口岸药品检验所检验,检验标准为现行版的《中国药典》《局颁药品标准》或国际上通用的药典。对上述药典或标准未收载的,应采用国家药品监督管理局核发《进口药品注册证》时核准的质量标准。

除上述法定质量标准外,还有地方标准、行业标准和企业标准。地方标准只保留了省、自治区、直辖市地方中药材炮制规范。行业标准是药品生产企业系统内部制定的,一般情况下高于法定标准,多用于开展同品种评比、考核,或考察各企业之间的质量、生产水平等。

企业标准是企业依据法定标准、行业标准和企业的生产技术水平、用户要求等制定的内控标准,目的是保证药品出厂后确保其在规定期限内的质量以及对无法定标准的物料进行质量控制。企业质量标准应至少不低于法定标准。

质量标准需根据药典、国家标准或注册文件的变化进行相应的修订,即当药典或有关文件更新时,应检查每个物料和产品相对应的专论、方法等以确定是否需要更新标准内容。

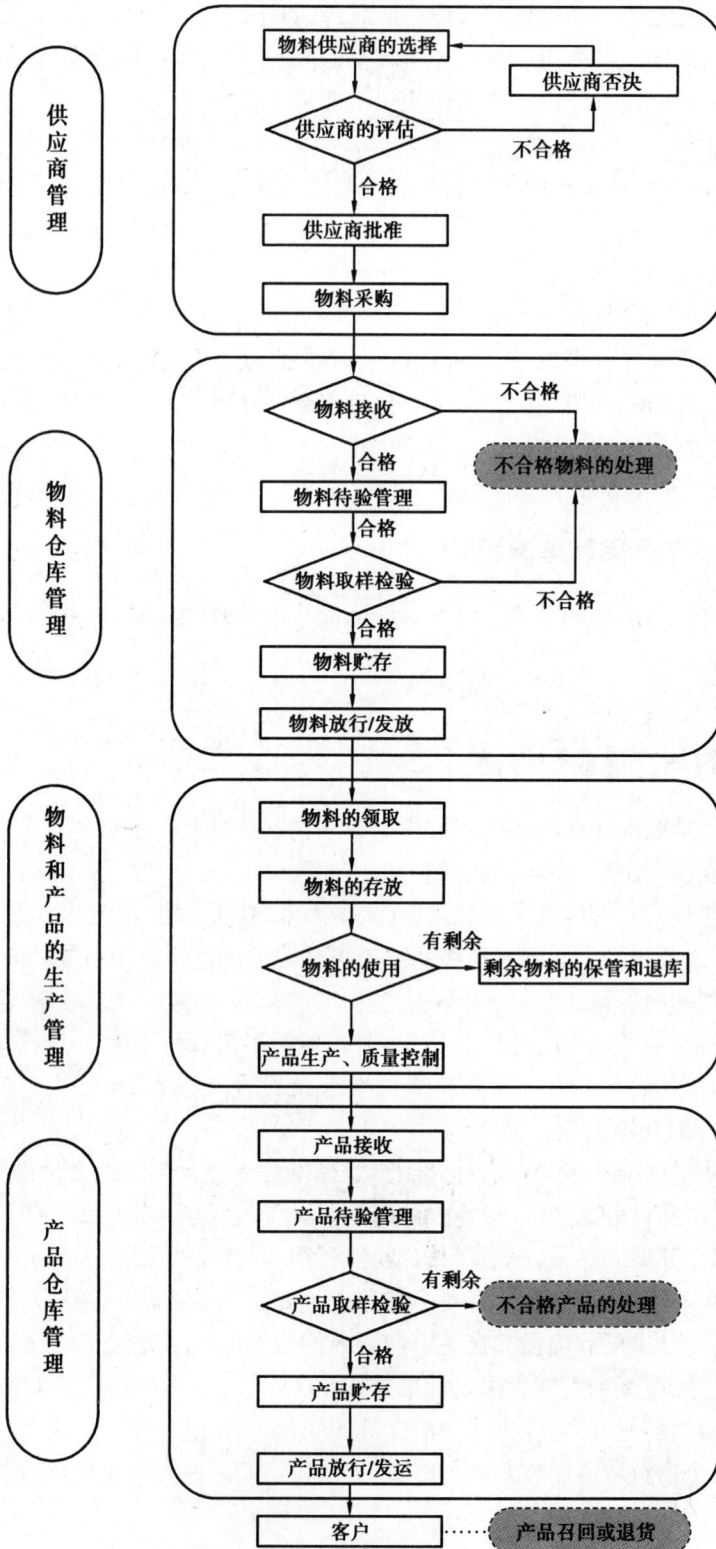

图 5.1　药品生产企业物料与产品管理流程图

5.2 物料与产品标识

物料与产品标识是物料与产品管理系统的重要组成部分,使用物料和产品标识的目的在于防止混淆和差错,从而避免物料和产品的污染、交叉污染。物料和产品标识分为信息标识和状态标识两个部分,信息标识用于物料和产品身份信息的识别、使物料和产品流转过程有可追溯性;状态标识用于体现物料和产品的质量状态(待验、合格、不合格、已取样等)。一旦出现物料和产品标识丢失导致物料和产品无法识别时,应按偏差程序处理。

物料和产品标识的粘贴应能体现物料、中间产品、待包装产品的历史状态。通常在改变物料和产品的标识时,新标识的粘贴不宜全部覆盖原标识。信息标识、状态标识的粘贴位置应适当并相对集中,有一定次序或方向;一般应粘贴在原供应商物料标识或原产品标识的附近,能够保证原标识的信息完整、清晰、可读,但需采取合适的方式区分原标识和现用标识,可采用在原标识上划"X"以示区别。物料和产品的信息标识、状态标识的粘贴应牢固,不易脱落,清晰易读。

企业应建立物料和产品标识的管理流程,其内容包括物料和产品标识的准备、发放、使用、销毁等;流程中还需要考虑物料和产品使用完毕后,标识应有合适的处理方式,例如,粘贴在批生产记录或批包装记录中,或采取损毁方式以表明标识的废弃。

5.2.1 物料与产品信息标识

1)信息标识基本组成

物料与产品的信息标识基本组成:名称、代码和批号。

(1)名称

原辅料要尽量采用通用名称或化学名称。如果化学名称太长,可考虑使用商品名称;对于没有在国家药典收载和没有国际非专利名称的原辅料、包装材料、产品和其他物料,企业可按照内部规定的命名规则命名。

(2)代码

①代码的表示方法。物料与产品应给予专一性的代码,相当于物料与产品的数字身份。使用代码的主要目的是确保每一种物料与产品均有其唯一的身份,是避免混淆和差错的基本方法之一。物料与产品代码编写方式和给定原则由企业根据企业的情况自行确定,表示方式举例说明如下:代码 XXXYYYYY,前 3 位数字 XXX 代表物料或产品的类别,后 5 位数字 YYYYY 代表流水号,见表 5.1。

表5.1 物料与产品代码表

代码	代表类别	代码	代表类别
00100000～00199999	成品代码	00400000～00499999	包装材料代码
00200000～00299999	原料代码	00500000～00599999	中间体代码
00300000～00399999	辅料代码	00600000～00699999	五金、配件代码

②代码的使用与管理。企业应制定代码系统管理程序,应定义详细、科学合理、完整统一。企业对物料与产品实施全面系统的代码管理,有利于确保物料与产品代码系统的有效使用,防止重复、错误等不良后果发生。

通常由物料管理部门负责代码系统的制定、代码发放、代码冻结、代码更新等系统管理和维护。物料和产品代码系统可通过计算机管理系统实现,也可通过书面程序(包括使用书面的表格和记录)等其他方式实现。在代码使用和管理过程中应注意:

a.企业应根据代码系统管理程序执行代码的申请、发放、冻结、更新和管理操作并有相关记录。

b.企业应建立物料和产品代码清单或索引表,以便控制物料和产品代码的增删和发放。

c.增删、发放代码时应复核,防止重复给号、一物多码、一码多物的现象发生。

d.为了确保代码的专一性,冻结的代码不被再次使用,并应在代码变更申请批准后在代码清单等表格中删除此代码。

(3)批号

①批号的表示方法。物料和产品应给予专一性的批号,满足物料和产品的系统性、追溯性要求。批号通常由数字表示或由字母+数字表示。物料和产品批号必须是唯一的,即一个批次的物料或产品只有一个对应的批号。表示方式举例说明如下:

a.批号表示方式一:物料和产品批号由数字表示。如 2011 年 10 月 20 日某公司按照收货顺序,给定蔗糖和糊精各一个内部批号,蔗糖批号为"10110",糊精批号为"10111"。这种编号方式对原辅料、包装材料及其他物料均采用流水号的方式。

b.批号表示方式二:物料和产品批号由"字母+数字"组成。批号:(Y,F,B,Q)+年份+月份+3 位数流水号。其中,Y 代表化工原料、原料药,F 代表辅料,B 代表包装材料,Q 代表其他材料,年份用 2 位数字表示,月份用 2 位数字表示,流水号用 3 位数字表示。如 B1112125,代表该批包装材料是 2011 年 12 月接收的第 125 批。

此外,对于原料药、大输液等生产企业,为了便于质量管理,可在批号后加横线再加数字或字母的方式表示亚批号,例如,XX 原料药产品批号为 Y1110108,其第一步中间体批号为Y1110108-01;第二步中间体分两次合成,批号则分别为 Y1110108-02 和 Y1110108-03;第三步中间体将 Y1110108-02 和 Y1110108-03 同时加入参与合成反应,所得的第三步中间体为Y1110108-04,最终所得成品批号为 Y1110108。

②批号的使用及管理。企业应制订批号系统管理程序,明确批号定义、批的划分原则、批号设计原则、批号发放、使用和管理程序;应由指定的部门负责批号系统的制订、发放、使用等系统管理和维护;应根据系统管理程序执行批号发放、使用和管理并有相关记录;应建立批号发放清单或索引表,以便控制批号的发放和使用,发放批号应进行复核,防止重复给号;返工(更换物料和产品的内、外包装除外)、再加工的物料和产品需要给定新的批号,以免产生混淆和差错。

2)物料与产品信息标识种类

根据物料与产品的接收、贮存、使用、流转、发运、退货等物料管理过程,物料与产品的信息标识种类见表5.2。

表5.2 物料与产品的信息标识种类表

信息标识类别	信息标识的作用
物料标签	表明物料的身份信息,用于来料接收
中间产品标签	表明此物料为中间产品
成品标签	该标签粘贴在产品的大箱等最终包装容器上,表明装有成品
成品零箱标签	表明此外包装大箱或容器中装有成品但未满箱,零箱标签应和整包装的成品标签有明显区别
退货标签	表明此产品为退货,与正常产品标签应有明显区别
废料标签	表明此物料为废弃物。也可根据不同分类设计不同的废料标签,如含活性成分的、有毒的,其他特殊管理的,可以回收使用的,以便于正确识别并按类别作不同方式的废物处理
剩余物料标签	表明此物料为生产过程中相关工序完成后所余的物料,可继续使用

企业可自行设计和使用信息标识,应能满足识别物料和产品的身份信息,具有可追溯性,避免混淆和差错。企业应建立信息标识管理的书面操作规程,内容包括物料和产品的标识样式、物料信息标识发放、使用、销毁和控制程序及相关记录,并有专人管理。

要根据物料使用的不同阶段粘贴不同的物料信息标识,通常做法如下:

(1)物料

在物料接收后,原辅料、包装材料应在其外包装或容器上粘贴物料标签,内容通常包括物料的名称、规格、代码、供应商批号、内部批号、生产日期、有效期或复验期、贮存条件、接收人及接收日期等。

(2)中间产品

中间产品应粘贴中间产品标签,内容通常包括中间产品的名称、代码、批号、生产日期、有效期或复验期、毛重、净重、生产阶段等。

(3)成品

成品使用未印刷的空白大箱、空白桶或容器时,应粘贴成品标签,内容通常包括成品的名称、批号、规格、生产日期、有效期、包装数量、毛量、尺寸、贮存条件、生产企业、生产地址、运输注意事项,并标明邮政代码、联系电话、OTC或外用药或特殊药品标识等。不满的成品箱或成品容器,应粘贴成品零箱标签,内容通常包括成品的名称、批号、规格、生产日期、有效期、数量、操作人和复核人签名及装箱日期等。

(4)其他物料

废弃物应粘贴废料标签,内容通常包括废料或废品的名称、代码、批号、数量或质量、来源岗位、操作人和复核人签名及日期等。剩余物料应粘贴剩余物料标签,内容通常包括剩余物料的名称、代码、内部批号、数量、操作人和复核人签名及日期等。退货需粘贴退货标签,内容通常包括退货的名称、来源、代码、批号、接收批号、生产日期、有效期、接收人及日期等。

3)计算机化仓储管理信息标识

采用完全计算机化仓储管理系统的物料信息标识通常与条形码或电子标签识别等技术相

结合,在这种情况下,纸质物料标签中不必以直观可读的形式将一些信息(如供应商或生产商名称、批号、生产日期、有效期、接收日期、接收数量等)逐一列出,但物料和产品上应有条形码或电子标签。

计算机化仓储管理系统应采取适当的措施确保在计算机系统出问题时物料和产品不会失控,可采用备用数据服务器。计算机系统中应能明确物料和产品的名称、代码、批号、企业内部批号、数量、接收和发放日期、生产日期、有效期或复验、货位号等信息。

采用电脑系统打印的切割式标签,应双人复核确保标签内容的正确性、完整性,并采取适当的方式保证标签与物料和产品的相关性、一致性,防止标签脱落后无法明确追溯来源。必要时可在信息标识中增加物料和产品的安全等级信息和防护信息。

5.2.2 物料与产品状态标识

物料与产品状态标识管理根本目的在于防止处于待验、不合格等状态的未经放行的物料和产品被误用和误发,防止对产品质量以及生命健康造成不良影响和危害。

1)状态标识分类

物料与产品的质量状态标识采用醒目的色标管理方式进行,主要有以下4类,分别为待验、合格、不合格和已取样,并用黄、绿、红和白4种不同色标来进行醒目区分,不同的质量状态标识有不同的含义,见表5.3。

表5.3 物料与产品质量状态标识分类表

标识分类	标识颜色	标识基本含义
待验标识	黄色色标	表明所指示的物料和产品处于待验状态,不可用于正式产品的生产或发运销售
合格标识	绿色色标	表明所指示的物料和产品为合格的物料或产品,可用于正式产品的生产或发运销售
不合格标识	红色色标	表明所指示的物料和产品为不合格品,不得用于正式产品的生产或发运销售,需进行销毁或返工、再加工
已取样标识	白色色标	表明所指示的物料和产品已经被取样

除以上4种质量状态标识,还有限制性放行标识,通常也以绿底为标识,但是和正常合格标识有显著差异。限制性放行标识一般不用于正常的批生产,而用于其他使用目的,例如物料没有完成全检,或者虽然已经完成工厂内部检验但官方的检验报告还没有拿到,该批物料可限制性放行用于研究试验目的。如果限制性放行物料用于商业批生产,企业应制订相应的控制程序确保此物料在成品放行前已经被正常放行。

2)状态标示牌和状态标签内容

物料状态标识实际采用的表现形式通常为状态标示牌和状态标签,主要有以下几种:区域状态标示牌、货位状态标示牌、货位状态标签、独立的包装/容器的物料状态标签、取样标签、限制性放行标签。

区域状态标示牌和货位状态标示牌包括待验标示牌、合格标示牌、不合格标示牌。这些状态标示牌用于指示该区域或货位的质量状态,内容通常应至少包括物料或产品的名称、批号、使用人员签名和日期等信息。

货位状态标签和独立的包装/容器的物料状态标签包括待验标签、合格标签、不合格标签。内容通常应至少包括物料或产品的名称、批号、使用人员签名和日期等信息。

取样标签的内容通常应至少包括物料或产品名称、批号、取样人、取样日期等信息,根据需要可在取样标识中增加物料的代码、取样量等详细信息。限制性放行标签内容通常应至少包括物料或产品的名称、批号、使用人员签名和日期等信息。

3) 状态标识使用和控制

企业应建立书面的管理程序规定区域状态标示牌和货位状态标示牌的使用、存放和管理;货位状态标签和物料状态标签的接收、发放、使用和销毁管理并应有记录。物料和产品接收后应在独立的包装或容器上标示或粘贴待验标签;在相应货位上和区域粘贴待验标签或放置待验标示牌。经检验、评估转为合格或不合格状态并适当标识。

质量管理部门负责建立和实施物料和产品的合格标签、不合格标签接收、发放、使用、销毁管理流程,并负责决定以下质量状态的转换:待验状态转为合格状态、待验状态转为不合格状态、合格状态转为不合格状态。

物料管理部门负责物料与产品的待验状态标签的接收、发放、使用、销毁。并负责待验状态标识的管理,包括退货接收后标识为待验状态、来料接收后标识为待验状态、未放行的成品入库后标识为待验状态、偏差导致的物料异常入库后标识为待验状态。

此外,企业需特别关注限制性放行(又称例外放行)的质量状态的传递与控制。对于使用的生产批次,其批记录中应有相应的记录,如将限制性放行标签粘贴在批记录中,或有限制性放行的批准记录,以确保在产品放行前审核限制性放行物料已正常放行。

对于质量状态标签的粘贴,或者区域和货位质量状态标识牌的设置,可根据企业管理流程中指定的相应部门或人员负责执行。

4) 计算机化仓储管理的状态标识

采用完全计算机化仓储管理不必使用可读的状态标识(如物料的状态标示牌、状态标签等)。计算机化仓储管理系统应能明确识别物料和产品的名称、批号、货位号,以及该货位对应的质量状态。计算机系统中物料和产品质量状态的改变必须经质量部门的授权人员根据企业建立的书面操作规程执行。

5.3 物料与产品管理

物料和产品管理主要涉及仓库管理和生产部门管理两部分,本节以仓库管理流程为主线,主要介绍各种物料和产品仓库管理的具体内容,而物料和产品的生产管理在"第8章生产管理"内容中详细介绍。

5.3.1 物料仓库管理

1）物料的接收

（1）初检

通过对进入仓储区域的物料进行初检，可防止伪劣物料进入企业物料流转链。物料管理员在接收时对物料的外包装进行目检，可有效地防止被污染物料进入生产环节。

库房物料接收区域的设计应能保护物料免受环境的影响，接收区还应考虑设置可以对来料容器进行清洁的区域。对于到货物料应按规定程序进行检查，大致分为以下几个方面：相关文件检查和核对；包装容器的标识信息核对和数量检查；包装容器的外观检查和清洁，主要包括包装容器的完整性、密封性。下面根据物料类型，对来料检查作具体介绍。

①原料、辅料及包装材料。

a. 文件检查。原辅料进厂到库后，库房管理人员首先核实装箱单和送货单是否与采购订单一致，核实的基本信息通常包括物料名称、规格、数量、供应商等。特别注意，库房人员应依照批准的供应商清单核实物料是否来自批准的供应商。对于到货物料，还应检查核对其他文件，如检验报告、发票等。除中药材外的原辅料、包装材料，每批到货的物料都要有厂家的检验报告。对于一些特定的物料，如果已经有质量协议，那么其他相关证明也可被接受。

b. 包装容器的标识信息核对和数量检查。检查物料包装标识信息至少包括物料的名称、规格、批号、数量、生产厂家等。清点到货数量是否与采购订单相符，如果到货数量和订单不符，核实数量是否在合理偏差范围内。对于零头包装的物料，如必要的话，在接收时还要核实质量和数量。

c. 外包装容器的外观检查和清洁。要对到货的每个或每组物料进行外包装或容器的外观检查，仔细检查是否有污染、破损、渗漏、受潮、水渍、霉变、虫蛀、虫咬等现象。需要强调的是，为了确认包装或容器的完整性，原辅料的外包装或容器应检查封签是否完整，是否有人为的破坏、损坏等。必要时，要对外包装及桶、箱等容器外部进行清洁，除去灰尘及污物。如发现外包装损坏或其他可能影响物料质量的问题，应及时记录，并向质量部门报告，并启动相关调查，可疑的物料或整批物料都要控制隔离以待处理。

对于有特殊要求的物料，如有温度控制要求的物料，还要检查送货的运输条件是否符合要求。符合接收要求的物料，在接收后要及时填写物料接收记录或其他文件，确保物料根据企业制定的程序进行来料检查。

②特殊物料。对于一些特殊物料，如易制毒化学品或贵重物料，在来料检查符合上述基本要求的同时，还需要批批称重、核对、双人复核。在对特殊物料进行来料检查时，仓库工作人员在进行外包装卫生清洁时，还应佩戴相关的个人防护工具，清洁后搬运至特殊物料仓库。

对于麻醉药品、精神药品、毒性药品等接收应建立相关的管理文件，其验收、入库、领用和发放都应严格控制。

（2）接收入库

将经过初检的物料，无论合格与否，放进仓库暂存。物料接收要做好物料接收记录和信息状态标识的管理，关键是要做到账、卡、物三者一致。其目的是避免物料在储存、发放、使用过程中发生混淆和差错,并通过货位卡的作用,使物料具有可追溯性。

①接收记录。物料在满足接收条件后,库房人员应填写物料接收记录。物料接收记录内容包括交货单和包装容器上所注物料的名称;企业内部所用物料名称和代码;接收日期;供应商和生产商(如不同)的名称;供应商和生产商(如不同)标识的批号;接收总量和包装容器数量;接收后企业指定的批号或流水号;有关说明(如包装状况)等。

②物料标识。接收的物料,无论是通过贴标签还是通过其他方式,都需要明示以下信息:物料的质量状态(待验、合格、不合格、已取样)、接收日期、批号、物料名称、物料编号、有效期及复验期、特殊存储和处理的条件、安全等级和防护措施。货位卡用于标识一个货位或一单批物料的产品名称、规格、批号、数量和来源去向的卡片,是识别货垛的依据,是常用的物料信息标识,能记录和追溯该货位物料的来源及去向。

③不满足接收条件物料的处理。如果物料不满足接收条件,必须尽快通知质量部门或其他相关部门(如采购部),并启动调查。根据调查结果,决定物料最终是否接收。如果不能接收,根据评估结果,将物料销毁或退回给供应商。

2)物料的待验管理

物料在接收后,即处于待验隔离状态。待验隔离的目的是防止物料在放行前进入企业物料流转链中。隔离方法可根据企业物料管理系统的实际情况进行选择,可采用物理隔离区域或已验证的计算机控制物料系统,但无论是哪种控制方式均需确保验收前物料处于待验隔离状态。在质量部门对物料质量进行确认前,所收货物数量进入待验库存,如物料被确认质量合格,所收货物数量就可成为合格的正常存货。

3)物料的取样检验

取样检验工作由经过培训的取样检验人员根据企业制定的取样检验规程进行。对于取过样的包装容器,取样人员在包装容器的合适位置贴上已取样标签,表明该包装已经被取过样。包装容器在取样后采取再密封措施。样品同样需要有取样标签标明所取样品的相关信息。

难以精确按批号分开的大批量、大宗原料、溶媒等物料与已入库物料(如溶剂或储槽中的物料)混合前,应按规定验收检验,合格后方可放行。如果一次接收的物料由数批构成,应逐批取样、检验及发放使用。如果同一批物料分多次接收,企业每次接收后都要分别进行取样、检验及发放使用。

4)物料的贮存

通常情况下,物料均应贮存在通风、干燥的环境中,但不适宜存放在阳光直射及热源处;存储区域应配备相应的设施,以满足适宜的存储条件;比如配备空调机组、除湿机等满足温、湿度的要求;仓库安装窗帘满足避光储存的要求,安装排风扇以通风换气等;特殊物料的贮存需要符合国家有关规定。仓库管理员还要定时检查仓库的温、湿度情况并填写记录。

仓库管理员根据物料存储条件的要求放入相应的仓库或区域内,储存区应有足够的空间保障不同种类产品的有序存储,物料储存区域可以物理区分,也可通过状态标识来区分。一般情况下按照批号码放整齐,物料码放的基本原则:合理安排仓库货位,按物料的品种、规格、批号分区码放;一个货位上,只能存放同一品种、同一规格、同一批号、同一状态的物料;物料码放要安全、整齐、牢固。

5）物料的在库检查和复验

物料在库贮存期间,由于经常受到外界环境因素的影响,随时都有可能出现各种质量变化现象。因此,除需采取适当的保管、养护措施外,还必须经常定期进行在库检查。在库检查是指对库存物料的查看和检验,及时了解其质量变化,以便采取相应的防护措施.并验证所采取的养护措施的成效,掌握其质量变化的规律。

（1）检查时间和方法

在库检查的时间和方法,应根据物料的性质及其变化规律,结合季节气候、贮存环境和贮存时间长短等因素选择,大致分为以下 3 种,见表5.4。

表5.4 在库检查的时间和方法表

检查方法	检查时间
"三三四"检查	每个季度的第一个月检查30%,第二个月检查30%,第三个月检查40%,使库存物料每个季度能全面检查一次
定期检查	一般上、下半年对库存物料逐堆逐垛各进行一次全面检查
随机检查	一般是在汛期、雨季、霉季、高温、严寒或者发现有商品质量变质苗头时,临时组织力量进行全面或局部的检查

（2）检查内容

检查内容包括库房内的温、湿度,物料贮存条件及药品是否分类存放,货垛堆码、垛底衬垫、通道、墙距、货距等是否符合规定要求,物料有无倒置现象,外观性状是否正常,包装有无损坏等。在检查中,要加强对质量不够稳定、出厂较久、包装容易损坏和规定有效期的物料进行查看和检验。

（3）物料复验

对于规定复验期并在有效期范围内的物料,以及规定复验期而没有有效期的物料,在超过复验期后应立即标示为待验状态,然后根据质量管理部门复验、评估结果转为合格状态或不合格状态。此类物料通常应在临近复验期前或在生产使用前完成复验,复验后需给定新复验期限。企业应制定有关的复验管理程序;为了确保此类物料的使用安全,复验期不应超出物料稳定性支持的储存期限;物料复验完成并经评估合格后,可转为合格状态投入正常使用。对于规定有效期的物料,在超过有效期后应立即标示为不合格状态,按不合格处理程序进行处理。

原辅料贮存应制订贮存期限,一般不超过 3 年;到复验期限的生产物料要及时复验,特殊情况应及时复验;到有效期的生产物料要及时采取措施监督控制。不合格、超过有效期的原辅料应及时按规定处理,并做好记录。

6）物料的发放

（1）一般物料的发放

一般来说,每批生产物料在有效期或复验期内经过取样,检验合格、批准放行后才能使用。经检验合格的生产物料,由质量部门发放检验合格报告书、合格标签和物料放行单,才能将物料状态由待验变为合格。对检验不合格的生产物料,按品种、批号移入不合格区内,物料状态由待验变为不合格,按不合格品处理规程进行处理。

通常物料发放的基本原则包括先进先出原则和近效期先出原则。先进先出原则,即同一物料的进货,按进库的先后顺序出库;近效期先出原则,即库存同一物料,对接近失效期的先行出库。企业采用其中一种原则即可,如果两种原则同时采用,应在企业制定的物料发放管理程序中明确定义两种原则并行使用的方法。

此外,物料发放的实际操作过程中还采用零头先发原则和整包发放原则。零头先发,即上次产品生产结束后,退回仓库的剩余物料(即零头),在下一次生产时应首先使用,有利于物料的管理,并能防止产生零头累积的现象,整包发放的原则比较适用于一批产品生产所需的物料,若根据生产处方量发放,则可能需要对每种物料的最后一件整包装进行拆零的情况。

发放生产物料时应检查物料的状态标识、标签情况。标识、标签应清晰可读,确保能够充分识别物料的身份和质量状态。对于没有标识或无法识别物料身份或质量状态的物料不得发放、使用;要检查物料的外包装情况,有无发霉、受潮、破损等异常情况;物料进出台账和发放记录应能准确反映物料数量变化及去向,应保持账、卡、物一致;物料交接过程中,发放人和接收人均需要根据生产指令单仔细核对发放的生产物料的名称、规格、批号、数量等是否符合并满足生产需求。

非授权人员不得进入仓储区从货位上挪取物料,仓储管理员与生产人员应在备料区或生产区完成物料交接手续。

(2)特殊管理的物料发放

特殊管理的药品("毒、麻、精、放")发放基本同原辅料。应特别关注的是在发放时应双人称重、发放、运输,双人接收,相应记录都应填上日期并双人签名。总之,从仓储区转移至生产车间流程和贮存过程,应双人操作,确保足够安全并应根据特殊药品管理的相关法规执行。

7)计算机化仓储管理

计算机化仓储管理系统是一种先进的信息管理技术。库房管理人员将物料相关的采购订单、运单和出厂检验报告等信息录入系统,核对物料信息无误后,可以打印相应的物料标签等信息,并实施包括物料的采购、入库、存储、发放以及物料状态控制的管理。

需要注意的是,库房人员如果通过计算机化仓储管理系统进行物料管理,该系统必须是经过验证的。

5.3.2 成品仓库管理

成品仓库管理的流程和要求在很多方面都与物料的仓库管理基本相同,可参考上文的内容,这里介绍关于成品的入库接收和储存。

1)成品的入库接收

车间将包装好的成品交仓库入库,可由仓库管理人员(或生产人员)填写相关成品入库记录,如成品入库单、成品入库凭证。仓库接收人员在入库检查时,特别需关注以下几方面的内容:成品入库清点,包括入库产品的品名、批号、规格、数量等,需特别注意核对并清点零箱药品的数量;成品包装情况,验收人员需核实实际的货物包装是否与入库单所列信息相符,并检查产品的外包装是否清洁、完好无损;成品储存条件,对于有特殊储存条件要求的产品,仓库接收人员应及时将产品转入符合储存要求的仓储区储存。

仓库接收人员在同一时间段内交替接收两批或两批以上的相同成品或不同成品时应注意分开接收和存放,避免混批和差错情况的发生。核对无误后要在相关记录上签名,如发现该批与成品入库清单存有偏差,需立即与生产部门有关人员联系。所有的成品入库接收必须具备可追溯性。

仓库接收人员在完成接收后,需要做好入库登记,如填写相应的账卡。如果企业有相应的计算机系统管理,仓库接收人员在完成相关记录的同时,需将相应的信息反馈并由相关人员录入计算机系统。

特殊管理的药品("毒、麻、精、放")的接收和入库,除了要遵守以上基本程序外,需按有关规定采取专柜储存、指定专人保管、建立单品种专用账册。

2)成品的储存

库房人员需依据成品的贮存条件,将成品存放于合适的库房内,如一般库、常温库、冷库、阴凉库等。成品储存时通常需考虑以下内容:成品需分类、分品种、分批号存放;零箱药品储存需满足便于清点的原则,并在相关的记录上记录相应的库位号,填上日期并签名;不同的批号应分类存放、合理放置,以利于先进先出原则的执行,储存药品时尽量把标签和有效期显示在外面,便于信息的识别和核实;药品堆放需保留一定的距离、不宜过高,以防止压垮底部的纸箱,也有利于人员搬运并减少可能造成的伤害;成品码放时应离墙、离地,货行间需留有一定间距;货位上需有明显标识,标明品名、规格、批号和数量等。

5.3.3　包装材料管理

与药品直接接触的包装材料和印刷包装材料的管理流程和控制要求与原辅料基本相同。印刷包装材料指具有特定式样和印刷内容的包装材料,如印字铝箔、标签、说明书、纸盒等,可以是内包装材料,也可以是外包装材料。非指定人员不得随意替代指定人员履行印刷包装材料管理的责任。由于印刷包装材料的特殊性,以下重点介绍印刷包装材料的管理。

1)印刷包装材料的设计、审核和批准

设计正确是避免印刷包装材料引起用药信息差错的基础。药品生产企业应建立印刷包装材料设计、审核、批准的操作规程;制定模板设计、审核、批准等方面的管理程序,做到经手人签字并做好有关记录;确保印刷包装材料印制的内容与药品监督管理部门核准的一致,并建立专门的文档保存经签名批准的印刷性包装材料原版实样。

印刷包装材料,特别是标签、说明书等在设计、审核和批准时,都必须进行仔细的校对和验收。对于印刷包装材料来说,即使出现弄错、漏掉一个字符或标点符号等微小错误,都可能产生严重的后果。如标签、说明书内容中不正确的浓度和剂量,文字编排错误,颜色不均匀等,有的是设计问题,有的是印刷问题,但都存在着没有进行认真仔细核对和审查的问题。注意印刷性包装材料的版本变更时,应采取措施,确保产品所用印刷性包装材料的版本正确无误,宜收回作废的旧版印刷模板并予以销毁。

2)包装材料的接收、取样检验和储存

前述物料的管理程序和方法同样也适用于包装材料。对于印刷性包装材料接收、取样检验、储存的管理,可参照上述内容方法和程序进行。需注意的是印刷性包装材料的储运管理也更加严格,企业应设置专门的区域妥善存放印刷性包装材料,并且禁止未经批准人员的进入;切割式标签或其他散装印刷性包装材料应分别置于密闭容器内储运,以防混淆。

3) 包装材料的发放

包装材料的发放流程与前述物料的管理程序和方法基本相同,但印刷性包装材料的发放控制更加严格。包装材料清点发放应专人发放,印刷性包装材料还应专人保管并计数发放;印刷性包装材料的管理严于其他包装材料,应严格执行专人保管、专人发放的要求。这种要求不仅适用于仓储区,同样适用于生产车间印刷性包装材料的管理,通常仓储区和生产车间应指定专人接收、领用、保管、发放印刷性包装材料。

发放时应注意:生产接收人员与仓储管理员在生产区或备料区进行包装材料交接,生产接收人员应根据生产指令单或物料提取单仔细核对名称、代码、批号、数量等信息,详细清点实际发放包装材料数量,并检查所发包装材料的标识是否完好、包装状态是否完好,如发现异常情况应拒收,并按偏差程序处理;交接完毕后,生产接收人员应在物料提取单上填上日期并签名;切割式标签或其他散装印刷性包装材料在从仓储区转移至生产区的过程中应分别置于密闭的大箱或容器内储运,以防混淆、丢失;每批或每次发放的与药品直接接触的包装材料,均应有识别标识,标明所用产品的名称、代码、批号、数量等信息。

外包装材料发放的通常做法如下:对于未拆封的整箱说明书、标签、小盒、中包装以及整捆大箱,清点箱数、捆数即可;对于已拆零、散装的说明书、标签、小盒、中包装、大箱等应仔细清点;零箱中完整的小捆包装不必拆散逐个清点,清点小捆数量即可;但已拆小捆的说明书、标签、小盒、中包装、大箱应逐个清点计数;对于原料药的外包装桶或容器应逐个清点计数发放。

内包装材料发放的通常做法如下:药用内包装袋、瓶等应清点、计数发放,发放原则与说明书、小盒、中包装、大箱的发放原则相同;对于铝箔、PVC 等,可按质量发放,发放时清点、计算整箱或整包质量和零头质量总和或换算成长度总和;对于原料药生产使用的内包装材料,内包装桶或容器应逐个清点计数发放。

包装材料计数发放的目的在于通过包装材料的发放、使用、退库、销毁数量的物料平衡,防止并发现在生产包装过程的遗漏、差错。例如,某大输液生产企业,生产时发放输液瓶 50 000 瓶,生产结束后进行物料平衡发现实际成品为 49 999 瓶,即输液瓶的实际使用量为 49 999 瓶,应剩余 1 只空瓶,但不知去向,后经调查发现该空瓶已灌装药液并被遗漏在生产现场。

4) 不合格包装材料的处理

对于一些外观缺陷的不合格包装材料,根据缺陷的类型,企业作适当处置后可以正常放行使用,如小盒外观缺陷,经质量部门评估后,判定整批挑选,挑选后的包装材料重新检验符合规定后可放行使用。

对于不合格印刷包装材料,如有缺陷标签(印刷不完全、文字错误、尺寸不规则、印刷不清、颜色不符等)、过期标签、加印批号后未用完或印错批号的标签等,一般不直接退回厂家,企业自行作销毁处理;如需退回厂家,在退回厂家之前,企业先自行作毁损处理。

5.3.4 退货管理

企业在生产经营活动过程中,可能会发生退货行为,退货管理程序的制定和实施对企业而言是相当重要的。退货应严格管理,以避免在退货处理过程中可能产生的差错、混淆;同时为降低退货过程中带来的质量风险和假药风险提供必要的保障。企业应建立退货管理的书面操作规程,内容包括退货申请、接收、储存、调查和评估、处理(返工、重新加工、降级使用、重新包装、重新销售等),如图 5.2 所示。相关记录内容至少应包括产品的名称、批号、规格、数量、退货单位及地址、退货原因、最终处理意见等信息。

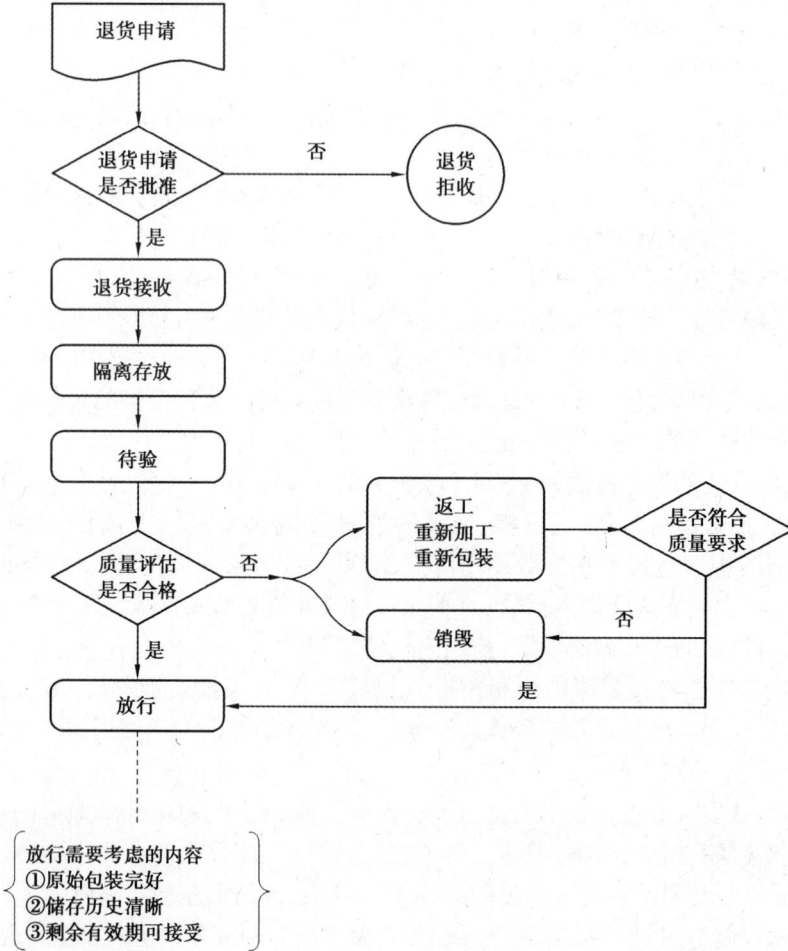

图 5.2 退货流程图

退货过程应特别关注的重点通常有以下几个方面:所有退货相关的操作和处理过程均应有记录;退货应严格控制、单独隔离或用具有同等安全性的其他方法替代物理隔离,以避免混淆或误用;退货在质量管理部门调查评估、给出处理意见前必须处于待验状态;每次退货必须有质量管理部门作出适当的评估和正式的处理决定,且应被记录;同一产品同一批号不同渠道的退货应分别记录、存放和处理。

1)退货申请

退货时应由要求退货的部门(物流部门或市场销售部门)首先填写退货申请单或具有同样功能的书面记录,经本部门或相关部门审核批准完成退货申请流程。退货申请单应至少包括退货产品的名称、批号、规格、生产日期、有效期,并标明退货数量、退货原因、退货单位和地址、部门审核和批准等内容。

2) 退货接收

企业应根据建立的退货管理程序对退货产品进行接收和检查,接收检查时应将退货实物与退货申请单的内容进行核对,检查内容应至少包括退货产品的名称、规格、批号、数量、生产日期、有效期以及外包装情况等,对已拆箱的退货应详细检查至最小包装,以防止差错、混淆、假药。退货的接收检查应有记录,常用的记录有退货台账、退货接收处理记录或其他相关记录,以便能够达到可追溯性和防止混淆与差错的目的。

3) 退货储存

退货接收后应立即单独隔离存放在符合贮存条件的退货区域,并标识为待验状态,直至产品经质量管理部门评估、确定处理意见后进行处理。退货的储存同常规的物料和产品一样进行管理,应有货位卡、台账。

4) 退货调查和评估

退货的原因通常分为质量问题导致的退货和商业原因导致的退货。对于质量问题导致的退货除遵循退货流程外,还应按投诉管理流程进行相关的调查和处理,例如,对此质量问题进行投诉登记和审核;对投诉进行详细的调查,包括批生产记录、批包装记录、批检验记录、设备工作日志、仓储记录等;考虑检查其他批次的药品是否受到影响等。对于商业原因导致的退货,若产品接近有效期或已超过有效期,在完成接收检查后,一般经质量管理部门评估后作不合格处理。如果考虑退货要重新放行、销售,均应结合退货的接收检查、取样、检验情况进行综合调查和评估,评估的因素至少应包括药品的性质、所需的贮存条件、药品的现状和历史,以及发运与退货之间的间隔时间等因素。

5) 退货的处理决定

退货处理决定的原则有:不符合贮存和运输要求的退货,无法确认和追溯药品的贮存条件和药品历史等信息、外包装破损等原因的退货,均应作不合格处理并在质量管理部门监督下予以销毁。只有经检查、检验和调查,有证据证明退货质量未受影响,且经质量管理部门评价后,才可考虑将退货重新包装、重新发运销售,并应满足以下条件:退货在原始大箱中且未被开封,处于良好状态;如果仅为原始大箱包装损坏,需逐个检查至每个完整的独立包装;有文件、证据支持退货在要求的条件下储存和运输处理;退货的剩余有效期是可接受的。

• 本章小结 •

物料与产品管理涵盖从各种物料进厂到成品出厂的全过程。企业必须对各种物料与产品按规定进行管理,保证物料与产品流向清晰、具有可追溯性;代码管理、标识管理、计算机化系统管理等基础管理可使物料与产品的质量状态明确;必须保证物料与产品的贮存适当,防止污染、交叉污染、混淆和差错。印刷包装材料是指印有提示性文字、数字、符号等的包装材料,可以是内包装材料,也可以是外包装材料。物料与产品管理涉及物料与产品的各种规定,物料与产品标准、标识和状态管理,物料与产品的仓库管理等。

复习思考题

1. 简述物料与产品的管理流程。
2. 物料接收管理要点有哪些?
3. 物料与产品标识有哪些? 使用物料与产品标识的目的是什么?
4. 物料发放的基本原则有哪些?
5. 特殊物料的接收和发放管理应注意什么?
6. 简述退货管理的流程和要点。

第6章 质量控制与质量保证

【学习目标】

1. 掌握质量控制实验室管理、物料和产品放行管理的相关内容。
2. 熟悉持续稳定性考察、产品质量回顾分析、供应商评估和批准管理的相关内容。
3. 熟悉变更控制、偏差处理、纠正和预防措施、投诉与不良反应报告管理的相关内容。

案例导入

问题人用狂犬病疫苗

2009 年 2 月 11 日,国家药监局通报,大连金港安迪 11 批冻干粉针制剂人用狂犬病疫苗共计 36.02 万人份违法添加核酸物质,涉嫌故意造假。金港安迪高管为此付出了沉重代价,涉案嫌疑人法定代表人、总经理王某,副总经理罗某,采购员于某被刑事拘留。2009 年 3 月 10 日,国家药监局按照药品管理有关法律法规作出处罚决定:吊销大连金港安迪生物制品有限公司的《药品生产许可证》;注销该公司人用狂犬病疫苗的药品批准证明文件及其药品 GMP 证书;该公司直接责任人 10 年内不得从事药品生产经营活动。金港安迪成为 2005 年国家实施疫苗批签法以来第一家被严厉查处的造假企业。

2009 年 12 月 3 日,国家食品药品监督管理局公布信息,在对人用狂犬病疫苗进行监督检查中发现,河北福尔制药股份有限公司和江苏延申生物科技股份有限公司 2008 年 7—10 月生产的人用狂犬病疫苗效价低于国家标准。问题发生后,卫生部门和食品药品监管部门及时采取了控制措施,责令上述两家企业停止人用狂犬病疫苗等全部产品的生产和销售,并召回相关产品;核查问题疫苗的流向,采取及时补种措施,紧急调送足够数量的疫苗到接种点,开展免费补种工作。据调查,福尔公司有 3 个批次的产品存在质量问题。福尔公司在生产人用狂犬病疫苗的过程中,存在违规操作行为,导致该公司人用狂犬病疫苗产品质量不合格,被责令停产整顿。延申公司"问题人用狂犬病疫苗"生产过程中存在偷工减料、弄虚作假、逃避监管的违法行为,使不合格产品流向市场;有关人员涉嫌刑事犯罪被当地公安部门立案。

质量控制与质量保证是药品生产质量管理工作的两个方面。质量控制主要通过对质量形成过程各关键环节实施质量监测以及时发现质量问题并采取控制措施;质量保证主要着眼于质量管理体系,通过对药品生产过程有计划的监控与管理来预防差错、混淆及污染。合格的药品是严格按照 GMP 要求生产出来的,不是仅仅依靠"贴"合格证"贴"出来的。

6.1 质量控制实验室管理

6.1.1 GMP 对质量控制实验室管理的原则要求

①质量控制实验室的人员、设施、设备应与产品性质和生产规模相适应,能够完成质量控制各项工作。

②质量控制负责人应具有足够的管理实验室的资质和经验,可以管理同一企业的一个或多个实验室。检验人员至少应具有相关专业中专或高中以上学历,并经过与所从事的检验操作相关的实践培训且通过考核。

③质量控制实验室应具备与质量控制要求相关的质量标准、操作规程、记录和报告等;每批药品的检验记录应完整,原始资料或记录应保存便于查阅与质量追溯。

④物料和不同生产阶段产品应按照注册批准的方法进行全项检验;为确保检验数据准确、可靠,所采用的检验方法应经过验证或确认,并具有书面操作规程;检验记录与结果应准确、具有可追溯性;检验所用仪器、试剂、试液、对照品、培养基、实验动物均应符合规定要求;任何检验结果超标均应按照所建立的检验结果超标调查操作规程进行完整的调查并有相应的记录。

⑤物料和产品应按有关规定进行留样,留样应能代表被取样批次的物料或产品,并有足够量以便在药品质量追溯或调查时进行检查或检验。

⑥试剂、试液、培养基和检定菌来源应可靠,应能满足相关检验工作的需要;其使用、保存及销毁应遵照相关操作规程,并有记录。

6.1.2 质量控制实验室人员职责管理

质量控制实验室是药品生产企业中不可缺少的重要部门,其检验数据为质量评估、物料与产品放行提供了重要的依据。因此,为了保证质量控制工作正常、有序的进行,质量控制实验室应配备适当的人员并明确规定其工作职责。

1) 负责人职责

①负责实验室的安全、卫生等日常管理工作,实验室人员的组织与工作安排。

②负责组织制订和审核质量控制实验室的各项操作规程、岗位 SOP,负责组织编写企业的各项质量标准。

③监督各项工作制度、操作规程、SOP 的执行情况。

④负责实验室的仪器、试剂、试药及标准品的管理,确保其能够正常、准确使用。

⑤负责复核检验人员的检验原始记录和结果。

⑥组织实验室相关人员参与偏差调查、质量投诉调查以及产品年度质量回顾分析。

⑦组织实验室相关人员进行检验方法的验证工作。

2）检验人员职责

①确保实验室的环境条件与日常卫生。

②严格按照操作规程正确使用仪器、试剂、试药及标准品。

③严格按照规定对物料、工艺用水、中间品及成品进行取样、留样和检验，准确、如实填写各项记录，并及时出具检验报告。

④严格按照操作规程对原辅料、中间品及成品进行留样观察及稳定性试验，并出具报告。

⑤及时上报不合格及异常情况。参与偏差调查、质量投诉调查以及产品年度质量回顾分析。完成检验方法的验证工作。

6.1.3　质量控制实验室文件管理

GMP 要求"有章可循、照章办事、有据可查"。在药品生产企业中，所有工作都应有相应的标准，一切操作都应严格遵照要求，一切行为都应有记录，从而提高工作的规范性和准确性，避免差错、混淆或污染的出现。质量控制实验室应当有下列文件：

①质量标准。

②取样操作规程和记录。

③检验操作规程和记录（包括检验记录或实验室工作记事簿）。

④检验报告或证书。

⑤必要的环境监测操作规程、记录及报告。

⑥必要的检验方法验证报告和记录。

⑦仪器校准和设备使用、清洁、维护的操作规程及记录。

1）检验操作规程

为保证操作的准确性和重现性，取样、检验、方法验证、仪器设备使用、检验结果超标调查等均应建立操作规程，并确保按照操作规程完成各项操作。检验操作规程应包括方法依据、使用范围、仪器、设备、试剂、操作方法、结果处理与判定等。

法规规定需要验证的检验方法、采用新的检验方法、检验方法变更、法定标准未收载的检验方法均进行检验方法验证，以保证检验数据的准确性和可靠性。检验方法若不需要进行验证，则需要确认。各项检验的操作规程所用的方法、仪器、设备、操作内容都应与经确认或验证的检验方法一致。

2）检验记录

实验室记录包括管理记录和技术记录。管理记录包括仪器设备使用与维修记录、安全检查记录、有毒品使用记录、异常结果调查记录等；技术记录主要指取样记录、检验记录、检验报告等。检验记录内容有：

①检验项目。

②物料或产品的基本信息：名称、规格、批号、来源等。

③检验依据。

④取样日期与检验日期。

⑤所用仪器设备的型号。

⑥所用试剂、培养基、标准品或对照品的来源和批号。

⑦所用动物的相关信息。

⑧检验过程:关键试液、对照品的配制,各项检验操作步骤,必要时应注明环境温度、湿度。

⑨检验结果:观察情况、测定结果、曲线或谱图、计算结果。

⑩检验结论:依据质量标准,对检验项目进行合格或不合格的判定。

⑪检验人员的签名和日期。检验和计算复核人员的签名和日期。

各项检验记录应与操作同步,真实、准确,具有可追溯性。检验记录不得随意改动,当确实出现记录错误时,应划改,保持原记录清晰可见,并将正确的数据写在旁边,同时由改动人签名和改动日期;所有记录应安全保护或保密,合理归档、妥善保管,便于查阅,防止损坏、丢失;应规定记录的保存日期,记录过期后应监督销毁。

3)文件管理要求

质量控制文件应由质量管理部门指定人员制订、由质量管理负责人审查和批准后发布并执行。实验室人员应严格执行文件内容,不能任意修改;如若有疑义或发现问题,应按照文件变更管理制度,提交变更申请,由有关部门审查后修订。随着各种因素的变化,为保证文件的合理性和适用性,应对文件定期审查,在必要时进行修订。实验室中所有文件均应是现行的版本,已撤销或旧版的文件应及时撤除,不得在实验室出现,防止误用。已撤销或旧版的文件除留档备查外,均应监督销毁;用于存档的作废文件应有明确标记。

6.1.4 取样管理

从大量物品或材料中抽取一部分的操作,称为取样。检验过程通常是破坏性的,产品检验后不能再使用或者销售,而且多数情况下物料或产品数量较大,逐一检验不切合实际。因此,需要从一批物料或产品中抽取一定量的样品进行分析检验或考察。物料入厂、中间品控制、成品放行、产品持续稳定性考察、工艺与方法验证、偏差调查等工作都离不开取样。

1)取样范围

所有对药品质量有影响的关键因素(需要质量控制的因素)均应进行取样,如原辅料、中间品、成品、包装材料、工艺用水、生产环境等。取样的单元数和取样量应符合《中国药典》和国家食品药品监督管理局颁布的《药品抽样指导原则》的规定。

2)取样的原则

为保证样品能够真实反映物料、产品或环境的质量,样品应具有代表性,并且应避免污染或混淆。

(1)代表性

取样方法应科学、合理。如非均一的物料(如悬浊液)在取样前应先摇匀,使其在取样过程中暂时均一;如不可能均一或不了解物料是否均一,则应从物料不同部位取样;如取样不能达到物料的所有部位时,应随机地在可达到的部位取样;物料表面和内部也可能会存在差异,抽样时不能只在表面;在某些情况下,还应在不同阶段或不同部位取样,如注射液应该在整个灌装过程(从第一瓶至最后一瓶)的前期、中期、后期分别取样,冻干制剂在冻干柜的不同层及每一层的不同部位分别取样;如同一批产品,在多个灭菌(冻干)设备或同一个灭菌(冻干)设备分次灭菌(冻干),应从各个/次灭菌(冻干)设备中抽取。

（2）防止污染或混淆

取样环境应与生产环境相一致，尽量避免样品与外界环境、其他物料的交叉污染。对有洁净级别要求的物料应在取样间的超净台或层流罩下进行；无洁净级别要求的物料，也应避免环境、其他物料的污染。有害物料取样时，在保证样品不被污染的同时，应注意对人体和环境的污染。取样人员应着规定服装，戴手套和口罩。

取样工具和取样容器均应根据要求进行清洗、消毒或灭菌。同时，在取样前，应根据取样计划对取样容器进行标记，避免差错。在同一时间、同一空间应尽量避免取多种样品。样品应置于密封容器中，根据样品性质要求进行保存，如避光、防潮、冷冻、冷藏等；腐蚀性药品应避免接触金属制品；注意遇光易变质的药品须用棕色瓶装，必要时加套黑纸。取样后的物料或产品应贴上取样标签，并重新密封，防止污染。

3）取样程序

（1）接收取样指令

为防止出现差错，取样要求不能口头传达，必须由相关部门填写"请验单"，取样人员接到请验单后，通常应在 24 h 内取样。

①原辅料、包装材料初检合格后，由仓库管理员填写"请验单"（见表6.1）；

表6.1　原辅料请验单

样品名称		请验部门	
编　　号		请　验　者	
物料批号		规　　格	
件　　数		总　　量	
供货单位			
请验日期	年　　月　　日		

②中间产品、成品、环境监测、水质监测、人员卫生监测由各部门授权人员按规定频次填写"请验单（见表6.2）"。

表6.2　成品请验单

样品名称		规　　格	
批　　号		数　　量	
请验部门			
请验日期	年　　月　　日		

③"请验单"一式三联，第一联通知 QA 人员取样，第二联送质检室，第三联请验部门留存。

（2）取样前准备

准备清洁干燥的取样工具、取样容器和辅助工具（手套、样品盒、剪刀、刀子、标签、笔等）。取样工具和取样容器表面应光滑、便于清洁灭菌，使用前应充分清洗、干燥后保存，无菌产品取样前先灭菌；固体样品常用取样勺、节点取样器、镊子等取样器等；液体样品常用浸入试管、加重式容器等。取样容器常用有盖玻璃瓶、无毒塑料瓶、密封袋等。

（3）取样

①现场核对。核对状态标识：物料或产品应有黄色待验标记，并置于待验区；核对物料或产品信息与请验单内容是否相符：品名、批号、数量、规格、产地、来源等，标记清楚完整，若为进口原辅料应有口岸药检所的检验报告单；核对外包装：完整性，无破损、无污染，密闭，如有铅封扎印必须清楚，无启动痕迹。

如现场核对不符合要求，取样人员应拒绝取样，向请验部门询问有关情况，并将情况上报质量管理部门负责人。

②根据取样计划抽取样本，清洁外包装，移入取样室。取样员更衣、清洁、消毒双手，戴上手套、帽子、口罩进入取样室（或使用取样车），根据待取样品性质特点，依据取样操作规程，完成取样。

a. 固体样品用洁净的取样勺或节点取样器在每一包件的不同部位取样，放在洁净且作好标记（标签内容有品名，数量或质量、批号、取样日期等）的有盖玻璃瓶、无毒塑料瓶或密封袋内，封口。

b. 液体样品摇匀后用洁净的浸入试管或加重式容器抽取，放在洁净且作好标记的玻璃瓶中，封口。

c. 有洁净级别要求的样品用已灭过菌的取样器在每一包件的不同部位按无菌操作法取样，封口。

取样后，打开的各样品包件按要求封口，并逐一在每一包件的明显处贴上取样证，然后填写取样记录。取样记录的内容有取样日期、品种、代号或编号、规格、批号、数量、来源、取样件数、取样说明、取样人员签名等。

4）微生物监测取样方法

为评估无菌生产的微生物状况，GMP规定应对微生物进行动态监测，监测取样方法有沉降菌法、定量空气浮游菌采样法和表面取样法等。

（1）沉降菌法

沉降菌法用暴露法收集降落在培养皿中的活生物性粒子，然后加以培养、繁殖后加以计数得到。

（2）定量空气浮游菌采样法

定量空气浮游菌采样法通过收集悬浮在空气中的生物性微粒，通过专门的培养基，在适应的生长条件下，让其繁殖到可见的菌落进行计数从而判定洁净环境中单位体积空气中菌落数的多少。

（3）表面取样法

表面取样法用来监测生产区域表面以及设备和与产品接触表面的微生物量。基本监测方法包括：接触碟法、棉签擦拭法和表面冲洗法。接触碟法适用于对平整的规则性表面进行取样监测，棉签擦拭法用于对不规则表面（尤其是设备表面）进行取样；表面冲洗法用于监测大面积区域内表面的微生物含菌量，包括设备轨道、储水罐等。然后用定量的无菌水冲洗表面，收集淋洗水，用膜过滤法来计算微生物数量。

6.1.5 留样管理

为了药品质量追溯或调查,企业按照规定保存的物料、产品样品,称为"留样"。企业应制订留样管理制度和操作规程,留样应能代表被取样批次的物料或产品。用于产品稳定性考察的样品不属于留样。

1) 物料留样要求

①制剂生产用每批原辅料和与药品直接接触的包装材料均应有留样。与药品直接接触的包装材料(如输液瓶),如成品已有留样,可不必单独留样。

②物料的留样量应至少满足鉴别的需要。

③除稳定性较差的原辅料外,用于制剂生产的原辅料(不包括生产过程中使用的溶剂、气体或制药用水)和与药品直接接触的包装材料的留样应当至少保存至产品放行后两年。如果物料的有效期较短,则留样时间可相应缩短。

④物料的留样应按照规定的条件贮存,必要时还应适当包装密封。

2) 成品留样要求

①每批药品均应有留样;如果一批药品分成数次进行包装,则每次包装至少应保留一件最小市售包装的成品。

②留样的包装形式应与药品市售包装形式相同,原料药的留样如无法采用市售包装形式的,可采用模拟包装。

③每批药品的留样数量一般至少应能确保按照注册批准的质量标准完成两次全检(无菌检查和热原检查等除外)。

④如果不影响留样的包装完整性,保存期间内至少应每年对留样进行一次目检观察,如有异常,应进行彻底调查并采取相应的处理措施。

⑤留样观察应有记录。

⑥留样应按照注册批准的贮存条件至少保存至药品有效期后1年。

⑦如企业终止药品生产或关闭的,应将留样转交授权单位保存,并告知当地药品监督管理部门,以便在必要时可随时取得留样。

6.1.6 实验室试剂试药管理

1) 试剂、试液、培养基和检定菌的管理要求

①试剂和培养基应从可靠的供应商处采购,必要时应对供应商进行评估。

②应有接收试剂、试液、培养基的记录,必要时应在试剂、试液、培养基的容器上标注接收日期。

③应按相关规定或使用说明配制、贮存和使用试剂、试液和培养基。特殊情况下,在接收或使用前,还应对试剂进行鉴别或其他检验。

④试液和已配制的培养基应标注配制批号、配制日期和配制人员姓名,并有配制(包括灭

菌)记录。不稳定的试剂、试液和培养基应标注有效期及特殊贮存条件。标准液、滴定液还应标注最后一次标化的日期和校正因子,并有标化记录。

⑤配制的培养基应进行适用性检查,并有相关记录。应有培养基使用记录。

⑥应有检验所需的各种检定菌,并建立检定菌保存、传代、使用、销毁的操作规程和相应记录。

⑦检定菌应有适当的标识,内容至少包括菌种名称、编号、代次、传代日期、传代操作人。检定菌应按照规定的条件贮存,贮存的方式和时间不应对检定菌的生长特性有不利影响。

2)标准品或对照品的管理要求

①标准品或对照品应按照规定贮存和使用。

②标准品或对照品应有适当的标识,内容至少包括名称、批号、制备日期(如有)、有效期(如有)、首次开启日期、含量或效价、贮存条件。

③企业如需自制工作标准品或对照品,应建立工作标准品或对照品的质量标准以及制备、鉴别、检验、批准和贮存的操作规程,每批工作标准品或对照品应用法定标准品或对照品进行标化,并确定有效期,还应通过定期标化证明工作标准品或对照品的效价或含量在有效期内保持稳定。标化的过程和结果应有相应的记录。

6.2 物料和产品放行

放行是指通过对物料或产品进行质量评价,作出批准使用、投放市场或其他决定的操作。建立物料和产品放行管理制度可有效地防止不合格物料投入生产、防止不合格中间产品流入下工序、防止不合格成品进入市场,保证用药安全。

6.2.1 GMP 对物料和产品放行的原则要求

①应分别建立物料和产品批准放行的操作规程,明确批准放行的标准、职责,并有相应的记录。

②物料放行的质量评价内容应至少包括生产商的检验报告、物料包装完整性和密封性的检查情况和检验结果,且质量评价应有明确的结论(如批准放行、不合格或其他决定),并应由指定人员签名批准放行。

③产品在批准放行前,应对每批药品进行质量评价,保证药品及其生产应符合注册和GMP 规范要求,且药品的质量评价应有明确的结论(如批准放行、不合格或其他决定),并应由质量受权人签名批准放行。

④疫苗类制品、血液制品、用于血源筛查的体外诊断试剂以及国家食品药品监督管理局规定的其他生物制品放行前还应取得批签发合格证明。

6.2.2 物料放行

1) 物料放行程序

物料在经过 QA 人员放行审核并批准放行前,不得发放使用。物料放行前,QA 人员至少应对以下 6 个方面进行审查,然后作出是否放行的决定。物料放行程序如图 6.1 所示。

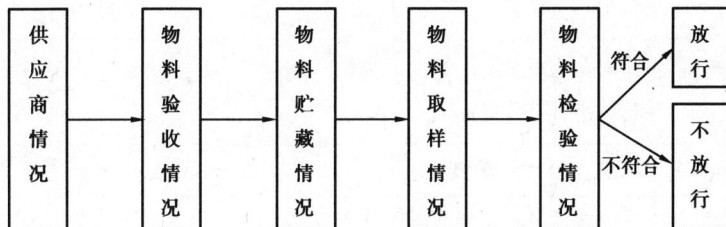

图 6.1 物料放行程序

①供应商情况。物料的供应商必须是企业批准的定点采购供应商。

②物料验收情况。核对物料的品名、规格、批号、数量,应与订货合同单要求相符;对物料进行初验合格,包装完整性、密封性检查完好、无破损;物料标识清晰可辨;供应商提供的检验报告单中的项目和结果均符合质量标准,印刷包装材料应有合格标识;收料记录单填写完整无误。

③物料贮藏情况。待验物料的贮藏情况应符合该物料贮藏条件。所取样品检验前,贮藏情况也应符合该物料贮藏条件要求。

④物料取样情况。请验程序正确;取样操作过程及取样环境符合操作规程的要求;所取样品具有代表性,且数量能够满足检验及留样的要求。

⑤物料检验结果。根据质量标准和操作规程完成物料的全检,检验结果应符合质量标准的要求;检验记录和检验报告单应完整无误,复核人复核无误。

⑥物料放行。QA 审核员确认上述内容均符合规定,填写物料放行审核单(见表 6.3)并签名,然后将"检验报告单"与"物料放行审核单"交给质量受权人或其他指定人员(通常为 QA 负责人)。当各项内容与规定有偏离时,应有详细的书面说明和批准手续,否则 QA 审核员有权拒绝审核。

质量受权人或其他指定人员(通常为 QA 负责人)接到检验报告单与物料放行审核单后,进一步确认各项内容无误,符合放行标准,在物料放行审核单上签名,放行;否则不准放行。物料放行审核单一式两份,其中一份自留存档,一份交物料部(或仓库管理员)。

表 6.3 物料放行审核单

文件编码:

品　　名		规　　格		来料批号	
数　　量		物料编号		报告单号	
供 应 商					
生 产 商					

续表

审核项目		审核结果
供应商	供应商是否为企业批准的定点采购供应商	□是　□否
验收	品名、规格、批号、数量是否与订货合同单要求相符	□是　□否
	包装是否完整、密封性是否完好、是否无破损、物料标识是否清晰可辨	□是　□否
	供应商提供的检验报告单中项目和结果是否均符合质量标准印刷包装材料是否有合格标识	□是　□否
	收料记录单是否填写完整、无误	□是　□否
贮藏	待验物料的贮藏情况是否符合该物料贮藏条件	□是　□否
取样	请验程序是否正确	□是　□否
	取样操作过程及取样环境是否符合操作规程的要求	□是　□否
	样品是否具有代表性,数量能否满足检验及留样的要求	□是　□否
检验	所取样品检验前贮藏情况是否符合该物料贮藏条件要求	□是　□否
	检验项目是否完整,检验结果是否符合质量标准的要求	□是　□否
	检验记录和检验报告单是否完整无误,复核是否无误	□是　□否
审核结论	□合格,批准放行。 □不合格,不同意放行。 □其他:	
审核人签名:		年　月　日
批准人签名:		年　月　日
备注:		

2)物料的免检放行

药品生产时某些物料可以免检,只需在"物料放行审核单"上说明理由,即可放行。

①原料药生产过程中使用的工艺助剂、有害或有剧毒的原料、其他特殊物料、仅在本企业内部转移生产场地的物料可免检,但必须取得供应商的检验报告,且检验报告显示这些物料符合规定的质量标准,还应对其容器、标签和批号进行目检予以确认。

②纸质印刷包装材料、外包使用的塑料袋和热收缩膜、封箱胶纸、打包带等,在验收过程经过取样人员检查确认相关的规格、尺寸后,可以免检放行。

6.2.3　中间品放行

中间品放行是通过对生产中关键环节产品按照生产现场监控规程对其每一道工序进行严格审核与监控后,批准该中间产品进入下一生产环节的操作。中间品审核内容主要包括以下内容:

1)生产过程情况

①生产条件符合 GMP 要求。

②生产环境符合规定要求。

③生产操作过程符合工艺、主配方、标准操作规程要求,且无交叉污染。

④批生产记录(主配方、生产指令、各工序生产记录、清场合格证、生产证)、生产记录填写符合规定要求,与生产过程相符。

⑤检查工序得率在合理范围内,物料平衡正确。

⑥半成品交接单准确无误。

2)取样情况

①车间生产的中间产品,放置于中间站或规定区域,做好待检标识,写明品名、规格、批号、生产日期、数量。

②车间及时填写中间产品请验单。

③取样员按照操作规程完成取样,记录填写完整无误。

④样品具有代表性,且数量能够满足检验及留样的要求。

3)检验结果

①半成品检验项目齐全,符合质量标准。

②半成品检验合格报告书填写正确,复核人复核无误并签字。

由 QA 人员按审核内容逐项审核无误后,填写中间品放行审核单(见表6.4),交质量受权人或其他指定人员(通常为 QA 负责人)审核并签发中间产品合格证,否则不准放行。

表6.4　中间品放行审核单

文件编码:

品　　名		规　　格		批　　号	
来　　源		数　　量		报告单号	
审核项目				审核结果	
生产	生产条件是否符合 GMP 要求			□是　□否	
	生产环境是否符合规定要求			□是　□否	
	生产操作过程是否符合工艺、主配方、标准操作规程要求,是否无交叉污染			□是　□否	
	批生产记录(主配方、生产指令、各工序生产记录、清场合格证、生产证)、生产记录填写是否符合规定要求,与生产过程相符			□是　□否	
	检查工序得率是否在合理范围内,物料平衡是否正确			□是　□否	
	半成品交接单是否准确无误			□是　□否	

续表

取样	中间产品是否置于中间站或规定区域,是否做好待检标识,是否写明品名、规格、批号、生产日期、数量	□是　□否
	请验程序是否正确	□是　□否
	取样操作过程及取样环境是否符合操作规程的要求	□是　□否
	样品是否具有代表性,数量能否满足检验及留样的要求	□是　□否
检验	所取样品检验前贮藏情况是否符合该物料贮藏条件要求	□是　□否
	检验项目是否完整,检验结果是否符合质量标准的要求	□是　□否
	检验记录和检验报告单是否完整无误,复核是否无误	□是　□否
审核结论	□合格,批准放行。 □不合格,不同意放行。 □其他:	
审核人签名:	年　月　日	
批准人签名:	年　月　日	
备注:		

6.2.4　成品放行

一批产品生产结束后,必须由质量受权人对整个生产过程和产品质量进行审核、批准方可放行。成品的放行通常包括生产审核、质量审核及成品放行批准。

1)生产审核

生产审核通常由生产部门负责人来完成,确保整个生产过程符合GMP及企业相关规程的要求。审核内容包括:

①使用的物料检验合格,且与生产指令要求一致。

②生产过程符合GMP要求,符合工艺、处方要求,操作执行批准的标准操作规程。

③批生产记录、批包装记录填写正确,完整无误,各项均符合规定要求。

④有物料平衡与收率计算表,物料平衡偏差项目符合规定限度。

⑤如发生偏差,执行偏差处理程序,处理措施正确、无误、手续齐备,符合要求。

生产部门负责人对生产进行审核符合规定后,在成品放行审核单(见表6.5)上签名,交质量管理部进行审核。

2)质量审核

①批检验记录审核。批检验记录通常由质量控制实验室负责人进行审核,其主要包括请验单、取样记录、检验原始记录、检验报告等。审核内容包括:

a. 物料、中间品、成品均具有请验单。

b. 取样过程符合操作规程的要求;记录完整无误;样品保存完好。

c. 根据质量标准要求,依据操作规程完成物料、中间品、成品的全检工作;检验结果及计算过程准确,复核无误;检验记录完整无误,附有原始数据图谱;检验报告内容与结论准确,与检验记录内容相一致。

d. 检验过程中不存在仪器、试液、对照品以及执行 SOP 等方面的偏差。

② 质量审核。在上述审核的基础上,由质量管理部门审核员对批生产记录、批包装记录、物料平衡、监控记录及取样记录、偏差处理、批检验记录及检验报告单等审核内容进一步审核并作出判定,符合规定后在"成品放行审核单"上签名,交质量受权人审批。否则按《质量偏差处理标准管理规程》进行。

3) 成品放行批准

质量受权人根据生产审核和质量审核的结果并对部分审核内容进行抽查,确认产品是在符合 GMP 的条件下按工艺指令及 SOP 操作且符合批准销售规格的质量标准,在成品审核放行单签字并加盖"成品放行专用章",批准该产品放行销售。

表6.5　成品放行审核单

文件编码:

品　　名			规　　格			批　　号		
来　　源			数　　量			报告单号		
审核项目							审核结果	
生产审核	生产指令及主配方	起始物料是否有合格证,物料领用数量是否符合指令要求					□是　□否	
		生产配方是否与工艺相符					□是　□否	
	生产用物料	生产所使用的物料有合格证					□是　□否	
		投料量与配料单要求一致,投料次序正确,工艺参数正常					□是　□否	
	批生产记录	记录齐全、书写正确、数据完整,有操作人、复核人签名					□是　□否	
		生产符合工艺要求、生产状态、清场合格证等均符合要求					□是　□否	
		中间产品有检验报告或 QA 确认,结果符合内控标准					□是　□否	
	包装及记录	说明书、标签、合格证均正确,打印批号及有效期正确					□是　□否	
		记录齐全、书写正确、数据完整,有操作人、复核人签名					□是　□否	
	物料平衡	物料平衡计算公式正确					□是　□否	
		各工序物料平衡结果符合标准					□是　□否	
	结论	符合规定□　　　　　不符合规定□ 审核人:　　　　　　日期:　　年　　月　　日						

续表

质量审核	批生产记录审核	记录齐全、书写正确、数据完整,有操作人、复核人签名	□是　□否
		清场记录及清场合格证是否有 QA 签字	□是　□否
		中间产品是否按规定取样、检验,检验结果是否符合标准	□是　□否
	批包装记录审核	记录齐全、书写正确、数据完整,有操作人、复核人签名	□是　□否
		清场记录及清场合格证是否有 QA 签字	□是　□否
		说明书、标签、合格证均正确,打印批号及有效期正确	□是　□否
	物料平衡	物料平衡计算公式正确	□是　□否
		各工序物料平衡结果符合标准	□是　□否
	监控记录及取样记录审核	记录齐全、书写正确、数据完整,有监控人签名	□是　□否
		监控项目齐全,结果符合规定,取样单及取样数量正确	□是　□否
	偏差处理	生产偏差是否执行偏差处理程序,处理结果是否符合要求	□是　□否
		检验偏差是否执行 OOS 调查程序,处理结果是否符合要求	□是　□否
	批检验记录及检验报告审核	记录齐全、书写正确、数据完整,有检验人、复核人签名	□是　□否
		检验报告单记录及结果应符合内控标准	□是　□否
		检验报告单有批准人签字及盖有"质量专用章"	□是　□否
	结论	符合规定□　　　　　　不符合规定□ 审核人:　　　　　　　　　　　　年　　月　　日	
审核结论		符合规定,同意放行□　　　　不符合规定,不同意放行□ 质量受权人:　　　　　　　　　　年　　月　　日	

6.2.5　不合格品处理

不合格品包括不合格的原辅料、包装材料、中间产品、成品等。药品生产企业应建立不合格品管理制度,制定切实可行的不合格品处理规程,确保不合格的原辅料、包装材料不得投入生产,不合格的中间产品不得流入下道工序,不合格的产品不得出厂,保证产品的质量。

1)不合格品处理基本程序

不合格品处理通常遵循以下程序,如图 6.2 所示。

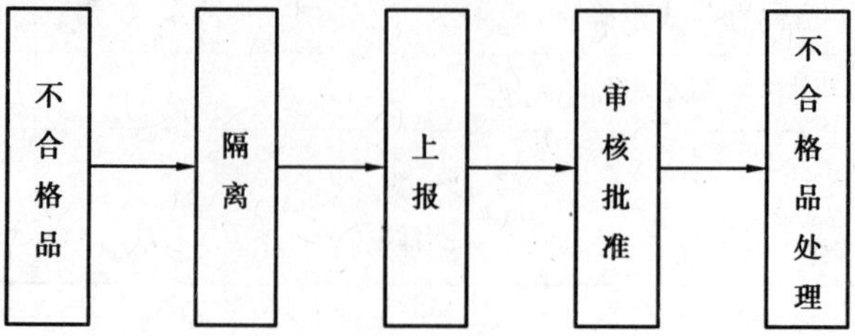

不合格品 → 隔离 → 上报 → 审核批准 → 不合格品处理

图6.2　不合格品处理基本程序

①隔离。当发现不合格品时,必须立即隔离于不合格区存放,每件包装上贴上不合格证,并挂上红色的不合格牌,防止与其他物料或产品混淆,避免流入下一道工序。除半成品在车间隔离外,其他不合格物料均应在仓库隔离。应详细登记不合格台账,其内容包括品名、批号、数量、规格、不合格项目等。

②上报。仓库管理员或车间工艺员填写不合格品处理报告单,由相关负责人审核后,报质量管理部门批准。

③审核批准。质量管理部门负责对所有不合格品的处理进行审核批准。质量管理部门接到不合格品处理报告单后,会同相关部门进行原因分析,提出处理意见。

④不合格品处理。根据不同的情况,按照操作规程对不合格品进行退货、销毁、返工等处理,并形成可追溯的记录。

2) 不合格品物料处理

①来源。不合格品物料主要来源:进厂后经检验不合格;在仓库贮存中,由于养护不当造成变质或污染而不合格;正常生产中剔除的物料,或被污染产生不合格的物料;超过贮存期。

②处理方法。对于购进不合格原辅料,经质量管理部门批准后交采购员办理退货手续;不合格包装材料经处理后能符合生产要求的,由物料部门与供应商协商处理至符合质量要求为止;严重不合格的印刷性包装材料,由物料部门向生产厂家或供应商办理销毁手续,由质量管理部门监督销毁,不合格的标签、说明书及印刷性包材不得退厂,就地销毁,并做好记录;其他不能退货的物料也应及时办理销毁手续,监督销毁并做好记录。

3) 不合格品中间品处理

不合格品中间品来源有:生产过程中经检验不合格;超过贮存期,可返工的中间品,由生产部门提出重新加工处理意见,报质量管理部门审核,质量管理部门审核认为对产品质量无影响的签字批准;不能返工、多次返工均不合格或质量管理部门认为对产品质量影响较大的中间产品,由质量管理部门提出销毁意见,经企业负责人批准后执行,销毁过程应有专人监督,并做好记录。

4) 不合格成品处理

不合格成品来源有:生产过程中经检验不合格;正常生产中各道工序剔除;因质量原因退回或收回;超过有效期等。不合格成品的处理方法与不合格中间品基本相同。当发现不合格成品时,应立即上报,并由生产车间、生产管理部门和质量管理部门组成的"调查处理小组",根据不合格项目和批生产记录研究查明不合格原因,然后提出补救措施或销毁意见,补救措施不得对产品质量造成负面影响,坚决杜绝不合格产品进入市场。

6.3　变更控制

为了防止差错、混淆及污染,GMP要求所有行为应有标准,依照标准操作,不得随意变动。但标准不是一成不变的,随着技术水平的进步、国家标准的提高、工作中出现的问题,企业的标准、规程必然也要作出适当的调整。那么如何既保证标准的权威性,又保证持续改进得到及时有效的执行,同时还要确保产品质量可控呢? 这就要求企业必须建立切实可行的变更控制制度。

变更是指药品在生产、质量控制、使用条件等诸多方面涉及来源、方法、控制条件等方面的变化。变更贯穿药品生产的整个生命周期,包括所有与药品安全性、有效性相关的变化,如供应商变化、生产工艺改进、生产条件改进、分析方法改进、文件更新、产品质量或包装规格改进等。变更控制就是对变更进行管理,它的目的并不是控制变更的发生,而是确保变更有序进行。

6.3.1 GMP 对变更控制的原则要求

①企业应建立变更控制系统,对所有影响产品质量的变更进行评估和管理。需要经药品监督管理部门批准的变更应在得到批准后方可实施。

②应建立操作规程,规定原辅料、包装材料、质量标准、检验方法、操作规程、厂房、设施、设备、仪器、生产工艺和计算机软件变更的申请、评估、审核、批准和实施。质量管理部门应指定专人负责变更控制。

③变更都应评估其对产品质量的潜在影响。企业可根据变更的性质、范围、对产品质量潜在影响的程度将变更分类(如主要、次要变更)。判断变更所需的验证、额外的检验以及稳定性考察应有科学依据。

④与产品质量有关的变更由申请部门提出后,应经评估、制订实施计划并明确实施职责,最终由质量管理部门审核批准。变更实施应有相应的完整记录。

⑤改变原辅料、与药品直接接触的包装材料、生产工艺、主要生产设备以及其他影响药品质量的主要因素时,还应对变更实施后最初至少 3 个批次的药品质量进行评估。如果变更可能影响药品的有效期,则质量评估还应包括对变更实施后生产的药品进行稳定性考察。

⑥变更实施时,应确保与变更相关的文件均已修订。质量管理部门应保存所有变更的文件和记录。

6.3.2 变更控制职责分工

在整个变更控制制度中,首先应明确各部门职责,这是变更能够有序进行的根本保证。

1)变更申请部门

变更申请部门向主管部门提出变更申请;负责提供变更申请所需的支持性材料;变更批准后,实施变更前培训及执行变更;变更实施后的跟踪;收集相关的数据并送质量保证部归档。

①生产技术部门负责生产工艺变更的提出,包括相关操作规程、产品工艺规程、工艺布局、工艺用水系统等变更申请。

②设备动力部门负责厂房、设施与设备等变更的提出,包括空气净化系统、生产设备、灭菌设备及相关操作规程的变更申请。

③物料部门负责供应商、仓库等变更的提出,包括对供应商、仓库位置、仓储设施及相关操作规程的变更申请。

④人力资源部门负责公司机构和人员变更的提出,包括质量负责人和生产负责人的变更申请。

⑤质量控制部门负责提出质量标准、分析方法、仪器设备及相关操作规程的变更申请,以及对所有变更数据的分析支持。

2) 质量保证部门

质量保证部门对工艺、原辅料、包装和标签、设备、厂房、质量标准等所有变更的审核,变更台账的登记,变更的定期评估,并在必要时向 SFDA 或其他注册国药政部门提交申报备案材料、向持有相关资料的客户提供相关信息。

①审核评定变更申请的类型(微小变更、一般变更、重大变更)。

②参与变更的评估。

③审核变更项目。

④监督变更的实施过程及部分变更后的跟踪确认。

⑤变更相关资料的归档保存。

⑥批准变更。

6.3.3　变更控制的范围

变更控制的范围包括原辅料、包装材料、质量标准、检验方法、操作规程、厂房、设施、仪器、生产工艺和计算机软件等方面。

1) 物料供应商变更

物料供应商变更包括药品生产过程所用的原料、辅料及内、外包装材料的供应商改变或重新开发。

2) 厂房、设施及设备变更

厂房、设施及设备变更包括生产地、厂房结构变化,已安装的仪器设备以及相关厂房设施的移位,新管路、阀门、热交换器、泵、电子设备的安装,高效空气过滤系统、水系统、蒸汽系统、压缩空气系统及真空系统的改变,购买新设备替换已有的设备或零部件(不包括同厂家同型号零部件的替换),陈旧设备的报废等。

3) 质量标准变更

质量标准变更包括所有物料或产品的检验项目、采用方法、限度标准、有效期或贮存期、贮藏条件的改变,以及中间品质量控制点的改变等。法定标准变更(如新版《中国药典》出版)后,企业也应及时按照要求对内部标准进行变更。

4) 检验方法变更

检验方法变更包括取样条件、取样量、试剂使用、样品处理方法、操作步骤和方法、操作条件、仪器设备型号等改变。同时,应根据质量标准或法定标准的变更,对检验方法进行及时的变更。

5) 生产工艺变更

生产工艺变更包括生产处方、工艺路线、设备、环境、操作规程等。

6) 文件变更

当法定规范(如 GMP)变更或企业相关制度、标准、规程、记录等发生变更时,文件需要随之变更。企业应建立文件变更管理制度,并详细记录文件变更时间、原因、内容、旧文件处理方法等。

7) 产品变更

产品变更包括更改产品名称或新包装规格的上市,现有产品从市场上撤回等。

8) 包装材料变更

包装材料变更主要包括直接接触药物的内包装材料、说明书、标签等改变。

9) 其他变更

其他变更主要指一些可能会影响药品质量的改变,如工作服材质和款式的改变,与生产、质量相关的计算机软件变更等。

变更控制适用于药品生产企业可能影响药品质量的一切变更。需要强调的是,某些变更不仅要按照企业变更程序进行审批,还需根据《药品注册管理办法》报药品监督管理部门备案或审批,如修改标签、说明书,修改药品注册标准,变更药品处方中已有药用要求的辅料,改变影响药品质量的生产工艺(如灭菌工艺),改变国内药品生产企业名称,改变国内生产药品的有效期,国内药品生产企业内部改变药品生产场地等。

6.3.4 变更的分类

根据变更对生产工艺和产品质量(包括中间体)的影响程度,可将其分为微小、一般和重大 3 类变更。

1) 微小变更

微小变更也可称"次要变更",指对产品质量没有影响或影响甚微,质量与变更前有等效性的变更。通常只需企业内部审核控制,不需经过药品监督管理部门备案或批准。微小变更主要包括但不仅限于以下内容:

①生产工艺过程中检测项目的增加。
②容器具规格的变化。
③生产设备非关键零部件的更换。
④非关键包装材料(如封箱胶纸)供应商的改变。
⑤质量保证体系升级的变更。

2) 一般变更

一般变更也称"主要变更",对产品的质量、性能、生产技术水平可能产生一般影响的变更。通常需要根据《药品注册管理办法》或其他相关要求,报药品监督管理部门备案。一般变更主要包括但不限于下述内容:

①关键工序进行的同类型或相似的设备的变更。
②非关键工艺条件和参数的变更,如原辅料、溶媒的调整以及加料顺序的改变等。
③产品印刷类外包材、标签、说明书的变更。
④物料质量标准中新增加检验参数以及所增加检验项目的检验方法的变更或替代。

3) 重大变更

重大变更指对中间体或成品质量有较大影响的变更。通常需要根据相关法规要求报药品监督管理部门批准。一般包括以下内容:

①主要工艺路线及原料、辅料成分(原辅料配比)的改变。

②使用的起始物料和关键原料的改变(包括关键供应商的变更)。

③产品内包材的变更。

④产品质量标准的变更。

⑤产品有效期(复验期)的变更。

⑥药品生产企业名称的改变。

⑦国内药品生产企业内部药品生产场地的改变。

6.3.5 变更控制的管理程序

所有变更均应按相应的管理标准和要求的程序进行。通常对药品质量无影响的微小变更一般由提出变更申请的部门自行评估、审核、实施,变更完成后报质量管理部门备案;对药品质量有影响或需要报药品监督管理部门备案、审批的变更需按企业变更控制程序进行。变更控制管理程序主要包括以下5个步骤,如图6.3所示。

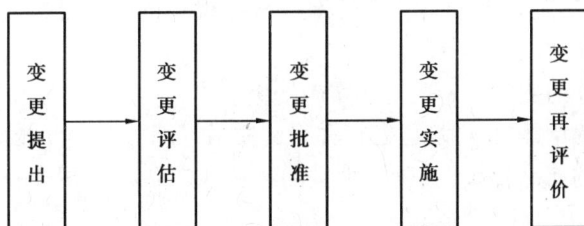

```
┌──────┐   ┌──────┐   ┌──────┐   ┌──────┐   ┌──────┐
│ 变更 │ → │ 变更 │ → │ 变更 │ → │ 变更 │ → │ 变更 │
│ 提出 │   │ 评估 │   │ 批准 │   │ 实施 │   │ 再评价 │
└──────┘   └──────┘   └──────┘   └──────┘   └──────┘
```

图6.3 变更控制的管理程序

1)变更提出

变更提出应提交变更项目的详细方案以及必要的技术报告、风险评估报告、财务评估报告。变更申请人填写变更申请审批表,主要填写内容包括:

①申请部门、产品名称/规格、起草人、申请日期、申请变更项目、预定实施负责人。

②变更项目描述,详细说明变更内容。

③变更理由,如研发、纠正与预防措施、审计结果等。

④对变更质量的预期影响进行初步评估。

⑤说明是否需要进行现场对比实验、是否需要验证、是否需要增加产品的质量检查、是否需要进行稳定性实验。

⑥涉及变更文件的名称及编号(包括版本号)。

2)变更评估

变更申请审批表由部门负责人预审批后,提交至质量管理部门。由质量管理部门指定的变更控制专人根据变更分类原则对变更项目进行类型界定(微小变更、一般变更或重大变更)。由质量管理部门负责人、变更申请部门负责人、受变更影响的各部门负责人及相关专家共同组成变更评审小组,负责评价变更项目的必要性,确认变更的潜在影响,确保各项变更符合相关法律法规(如GMP规范)和产品质量要求。评估潜在影响时,主要关注产品方面的影响;验证要求、稳定性要求、法规方面的影响;客户/供应商方面的影响;注册资料的影响等。为保证评估结果的准确性,对于某些变更如制造过程或操作程序等的变更,需要进行对比试验或验证,以此作为最终批准变更的数据支持。

3)变更批准

根据变更评估、审核结果,质量受权人对评估无变更价值或对产品质量不利于的变更项目不予批准,称为拒绝变更,需在"变更申请审批表"中填写申请未被接受的理由,由质量管理部门复印一份留档,并将此表原稿退还给申请者;对评估有必要且无异议的变更项目予以内部批准。批准的变更项目应及时制订变更计划,确定变更的内容和措施、措施的负责人、具体的实施措施要求、变更措施的完成时间等。

对于需要报药品监督管理部门备案或审批的变更项目,应依据相关法律法规或要求提交相应的变更材料,得到批准方可实施变更。

4)变更实施

变更批准后,应及时将变更计划通知变更的相关部门及人员。变更实施部门完成相关制度、标准、规程及记录等文件的编制和修订工作。变更实施部门完成对新编或修订的文件及变更实施的培训,为变更实施做好准备。主管部门根据批准的变更计划,组织相关部门实施变更。变更实施阶段应注意以下5点:

①严格按照已批准的变更计划及时间实施变更。

②所有变更实施的草案、文件均已修订并得到质量管理部门的批准。

③所有变更涉及的产品批次(如验证批次的物料和产品),必须被隔离存放直至变更关闭时才能被放行到市场。

④所有改造或新采购的与产品直接接触的设备或部件,在生产前都需进行彻底清洗。

⑤变更实施部门、质量管理部门均建立相应的"变更登记台账",以便于对变更进行统计、分析;所有的变更都必须有相应的记录,由质量管理部门存档。

5)变更再评价

变更实施后需对实施情况进行再评价,评价有无因变更所导致的偏差或检验结果偏差,如有,确认是偶然因素所致还是新流程存在某种缺陷,制订改进计划。对大型变更项目,评价回顾有哪些收获和哪些有待改进的地方。对比变更实际成本与变更后的收效,检查是否100%达到了设想的效果。

6.4 偏差处理

在药品生产过程中难免会出现一些不可预见的非计划事件,它偏离预定的生产工艺、物料平衡限度、质量标准、检验方法、操作规程等,可能对产品质量造成直接或间接的影响。这种在生产、检验、管理过程中发生的与已批准的标准或规程不相符(偏离)、可能影响产品质量的情况,称为"偏差"。常见的偏差有:产品检验或环境监测超标、物料平衡超限、产品或物料储存异常、设备故障等。为了及时发现偏差,采取适当的措施降低风险,并避免类似偏差的再次发生,药品生产企业必须建立偏差处理管理程序。

6.4.1 GMP 对偏差处理的原则要求

①各部门负责人应确保所有人员正确执行生产工艺、质量标准、检验方法和操作规程,防止偏差的产生。

②企业应建立偏差处理的操作规程,规定偏差的报告、记录、调查、处理以及所采取的纠正措施,并有相应的记录。

③任何偏差都应评估其对产品质量的潜在影响。企业可根据偏差的性质、范围、对产品质量潜在影响的程度将偏差分类(如重大、次要偏差),对重大偏差的评估还应考虑是否需要对产品进行额外的检验以及对产品有效期的影响,必要时,应对涉及重大偏差的产品进行稳定性考察。

④任何偏离生产工艺、物料平衡限度、质量标准、检验方法、操作规程等的情况均应有记录,并立即报告主管人员及质量管理部门,应有清楚的说明,重大偏差应由质量管理部门会同其他部门进行彻底调查,并有调查报告。偏差调查报告应由质量管理部门的指定人员审核并签字。企业应采取预防措施有效防止类似偏差的再次发生。

6.4.2 偏差产生原因

1) 人员因素

人员因素有:人员不遵守相关制度,违反或未按照操作规程进行操作,未经批准修改工艺参数或标准,记录填写或修改不规范,对超出工艺要求或质量标准的结果未及时处理,数据处理过程错误以及关键岗位人员临时调整不符合规定等。

2) 设备设施

设备设施因素有:生产或实验室设备设施未经批准使用,设备、仪器或公共设施故障,设备、设施或系统的监测未能如期执行或监测结果超标,计量仪器设备未按规定进行周期性校验,个别仪器使用前未校准,仪器、设备和设施未按规程进行清洁或消毒等。

3) 物料及产品

物料及产品因素有:物料供应商未经批准,验收物料损坏或错误,物料和产品(包括中间品)储存过期或不当,物料领用发放或产品中转、放行未按照规定进行,原辅料和包装材料检验不合格或虽检验合格但在使用过程中发现异常,成品检验不合格等。

4) 文件

文件因素有:文件为非现行版本,文件的缺失,已批准的工艺规程、SOP、质量标准、批档案等存在缺陷,记录与规程要求不一致,各种文件或记录未按规定执行,各种文件未按相关规定进行归档等。

5) 环境

环境因素有:生产环境或检验环境的温度、湿度、压差、洁净度不符合标准,高效过滤器泄漏或未符合再确认要求,未授权人员出入控制区域,控制区域空气或水的泄漏等。

6) 其他因素

其他可能对产品质量产生直接或潜在影响的因素。

6.4.3　偏差的分类

根据偏差对产品质量影响或潜在影响的程度,将其分为微小偏差、一般偏差和重大偏差3类。

1) 微小偏差

微小偏差也称"次要偏差",指对产品质量无实际或潜在影响,发现后可采取措施立即予以纠正、现场整改,无须深入调查的偏差,如生产前发现所领物料与生产指令不符且未开始生产即采取退库,生产中由于设备不稳定、调试导致的物料补领,发现洗瓶机螺丝有松动进行调整等。

2) 一般偏差

一般偏差也称"主要偏差",指可能对产品质量造成可挽回的实际或潜在影响的偏差,如配料时温度比规定温度高 3～5 ℃,设备故障、损坏,清场不合格等。在偏差出现后,需对产生的原因调查清楚,并采取适当的纠正和预防措施才能继续生产,从而保证生产出的产品符合质量标准且无潜在质量风险。

3) 重大偏差

重大偏差指已经或可能对产品质量造成不可挽回的实际和潜在影响的偏差,如关键参数偏离、检验结果不符合规定,混药、混批、包装材料混淆等。偏差出现后,必须深入调查,确定原因,并采取适当的纠正措施,同时必须建立长期的预防性措施。对质量已明显被影响的产品必须重新处理或销毁处理;对当时没有发现产品质量变化的,但产品质量在贮藏过程中可能存在隐患,必须进行重点留样及稳定性考察并可能采取产品召回等。

6.4.4　偏差处理

药品生产企业发现偏差后要遵循"三不放过"的原则,即不查清原因不放过、不查清责任者并按规定处理不放过、不落实改进的措施不放过。与产品质量相关的所有人员均应参加偏差处理程序的相关培训。生产、检验或管理过程中有任何偏差必须及时上报并按照偏差处理程序进行处理,不得私自隐瞒或自行处理。偏差处理结果必须保证最终产品符合质量标准,不影响药品的安全性和有效性。

1) 偏差的报告

发生或可能发生偏差时,应立即通知部门负责人和质量管理部门人员,并填写偏差处理报告。必要时,经部门负责人和质量管理部门确认可采取应急措施(如对偏差所涉及的物料、产品及设备等进行隔离,避免混淆/误用)防止偏差事件的进一步恶化,并记录。

2) 偏差的调查

质量管理部门接到"偏差处理报告"后,先对偏差进行编号,然后由 QA 主管确认偏差风险等级。对于无须根本原因调查的偏差即微小偏差,根据偏差发生部门已确定的纠正与预防措

施进行处理;对于较复杂的一般或重大偏差,应确定相关部门,组成偏差评审小组,进行深入调查。主要内容包括:

①与偏差发生岗位相关人员进行面谈。

②回顾相关的 SOP、质量标准、分析方法、验证报告、产品年度回顾报告、设备校验记录、变更控制等。

③复核批记录、清洗记录、设备维修保养记录等。

④进行设备设施检查及维修检查。

⑤复核相关的产品、物料及留样。

⑥回顾相关的投诉趋势、稳定性考察结果趋势、类似不符合事件趋势。

⑦必要时访问、审计供应商。

⑧评估对此前后续批号潜在的质量影响。

QA 人员对调查结果进行汇总分析,确定根本原因或最可能原因,交 QA 主管进行确认。QA 主管与相关部门交流,经评估作出初步处理建议,并通知相关部门。

3) 纠正与预防措施的确认

微小偏差由发生部门制定相应的纠正及预防措施,并确定责任人及完成期限,报 QA 主管评估决定,报质量管理部经理审核。一般偏差或重大偏差,应由偏差评审小组进行分析评审,作出纠正与预防措施的处理决定。质量管理部门负责人对纠正与预防措施作出终审意见。例如,产品物料处置意见包括确认物料不影响产品最终质量的,可提出继续使用的建议;或进行返工或采取补救措施,返工时,按照批准的返工方案进行处理;产品存在重大质量风险的,可建议报废销毁。

4) 纠正与预防措施的追踪及关闭

纠正与预防措施的实施部门在措施完成后,报本部门负责人审核后交质量管理部门。质量管理部门负责对纠正与预防措施的完成情况和实施效果进行跟踪确认。质量管理部门对未按期完成的纠正及预防措施通知责任部门负责人,并向管理层报告。质量管理部门主管最终确认后关闭该偏差。

5) 批准和存档

偏差关闭后报质量受权人审核批准。"偏差处理报告"批准后,原件由质量管理部门保存,复印两份,一份纳入批生产记录,一份由偏差发生部门保存。"偏差处理报告"及相关资料由质量管理部门按编号建立档案。

偏差处理通常遵循以上程序,但需注意的是:当检验结果超标时,应先确定非实验室偏差;当出现质量投诉时,应先鉴定投诉样品非假药。

6.5 纠正措施和预防措施

为防止已发生或潜在的不合格、不符合或其他不期望情况的再次发生,消除其直接原因和潜在原因,促进药品质量的持续改进,药品生产企业应采取适当的纠正和预防措施。

纠正措施(Corrective Action)指为消除已发现的不合格、不符合或其他不期望情况的根本原因所采取的措施。预防措施(Preventive Action)指为消除潜在的不合格、不符合或其他潜在不期望情况的根本原因所采取的措施。

纠正措施和预防措施都是为消除某种不合格事件或情况而采取的措施,但从其定义、对象、目的和措施来看又有着很大的不同,见表6.6。

表6.6　纠正措施和预防措施的区别

区别点	纠正措施	预防措施
定义	为消除已发现的不合格、不符合或其他不期望情况的根本原因所采取的措施	为消除潜在的不合格、不符合或其他潜在不期望情况的根本原因所采取的措施
对象	产生不合格、不符合或其他不期望情况的根本原因	潜在可能发生的不合格、不符合或其他不期望情况的根本原因
目的	防止已出现的不合格、不符合或其他不期望情况及类似情况的再次发生	防止不合格、不符合或其他不期望情况的发生
措施 (采取的行动)	针对已出现情况的原因采取措施,消除问题的根源,如修订程序等,需通过跟踪才能看到效果	在没有发生不合格、不符合或其他不期望情况的前提下,采取预防措施

6.5.1　GMP对纠正措施和预防措施管理的原则要求

GMP对纠正措施和预防措施管理的原则要求:

①企业应建立纠正措施和预防措施系统,对投诉、召回、偏差、自检或外部检查结果、工艺性能和质量监测趋势等进行调查并采取纠正和预防措施。调查的深度和形式应与风险的级别相适应。纠正措施和预防措施系统应能增进对产品和工艺的理解,改进产品和工艺。

②企业应建立实施纠正和预防措施的操作规程,内容至少包括分析确定已有和潜在的质量问题,调查与产品、工艺和质量保证系统有关的原因,确定所需采取的纠正和预防措施,评估纠正和预防措施的合理性、有效性和充分性,对实施纠正和预防措施过程中所有发生的变更应予以记录,确保相关信息已传递到质量受权人和预防问题再次发生的直接负责人,确保相关信息及其纠正和预防措施已通过高层管理人员的评审。

③实施纠正和预防措施应有文件记录,并由质量管理部门保存。

6.5.2　纠正和预防措施管理的范围

纠正和预防措施(CAPA)管理的范围主要包括产品设计控制,生产工艺控制,物料管理,设施与设备管理,人员、文件、记录与变更控制等方面。通常出现下述情况时,应制定纠正措施和预防措施:

①发生偏差。

②检验环境监测过程中出现了超常、超标数据。

③需要变更。

④消费者投诉、产品退货或产品的召回。

⑤内部自检或外部检查出现缺陷。

⑥出现报废批、返工批。

⑦验证、确认失败。

⑧回顾分析,发现不良趋势。

⑨物料平衡、收率出现异常。

　　药品生产企业的所有员工均应正确理解纠正和预防措施规程的要求,具有发现问题及时上报的责任。纠正和预防措施负责人负责根据批准的计划在规定的时限内落实执行 CAPA。质量管理部门负责建立与维护 CAPA 系统;批准 CAPA 的执行、监督各部门对 CAPA 信息的汇报、跟踪 CAPA 的执行情况、负责对 CAPA 相关材料的归档。质量受权人负责批准涉及产品召回、药品监督管理部门检查发现等风险级别较高问题的 CAPC。

6.5.3　纠正和预防措施实施程序

1)识别

各有关部门、小组和岗位人员通过如下信息来源识别现存的和潜在的质量问题:

①顾客需求、期望、满意度调查情况。

②产品缺陷。

③市场分析。

④生产工艺和产品质量监测趋势。

⑤设计与开发评审。

⑥检验和试验。

⑦内部自检和外部审计。

⑧操作和相关的记录。

⑨顾客投诉、产品退回。

⑩不合格报告。

⑪数据分析。

⑫管理评审。

识别的质量问题应被迅速以书面的方式通知受影响的和负责的部门。

2)分析

　　质量问题的分析可以以个人或小组的方式进行,为确保分析的有效性和效率,应尽量采用小组方式(如部门小组、跨部门小组、解决问题小组和焦点小组等)。在建立分析小组时应授予工作权限,并指派一位合适的小组负责人。需要时,小组构成可包括来自顾客或供应商的代表。

　　进行质量问题分析时,必须考虑质量问题的严重度、发生频度和可探测度,应从其对过程成本,质量成本,业绩、产品性能和安全性,顾客满意程度等的影响来评估。

　　潜在的质量问题分析选用的方法有:潜在失效模式及其后果分析(FMEA);故障树分析(FTA);实验设计(DOE)等。现存的质量问题分析选用的方法有:鱼骨图;层积处理(数据分开与归类);排列图(pareto 分析);直方图;相关图;失效模式分析等。

3)措施的确定

质量问题的根本原因得到明确时,有关部门或小组负责针对问题的根本原因提出纠正或预防措施。纠正或预防措施包括纠正或预防措施、完成期限、措施的责任人以及对这些措施的验证计划。为遏制现存的质量问题的重复发生,避免进一步的损失,在采取永久性纠正措施之前可采取临时性措施。因此,纠正措施可包括临时性措施和永久性纠正措施。

按纠正或预防措施计划,有关负责人负责在规定的目标期限内自行落实或协调落实规定的措施。执行部门或小组负责人应准确掌握执行过程的有关情况,以便有效跟踪。

4)措施的有效性跟踪

纠正或预防措施落实后,执行部门或小组负责人应通知有关跟踪人员,并与其商定跟踪的日程。跟踪人员通过检查纠正或预防措施计划的落实情况,评估落实的纠正或预防措施的有效性。

6.6　供应商的评估和批准

药品的质量是设计与生产出来的。在药品生产过程中,决定药品质量的一个关键因素就是物料的品质,没有质量符合要求的原料、辅料和包装材料,即使有专业的人员、一流的设备、良好的环境、精湛的工艺也无法生产出合格的药品。用于药品生产的原料、辅料和直接接触药品的包装材料或容器必须来源合法、符合药用要求。为了保证物料的质量,药品生产企业必须对所有生产用物料的供应商进行质量审计与批准,实行定点采购制度。

6.6.1　GMP 对供应商评估和批准的原则要求

①质量管理部门应对所有生产用物料的供应商进行质量评估,会同有关部门对主要物料供应商(尤其是生产商)的质量体系进行现场质量审计,并对质量评估不符合要求的供应商行使否决权。主要物料的确定应综合考虑企业所生产的药品质量风险、物料用量以及物料对药品质量的影响程度等因素。企业法定代表人、企业负责人及其他部门的人员不得干扰或妨碍质量管理部门对物料供应商独立作出质量评估。

②应建立物料供应商评估和批准的操作规程,明确供应商的资质、选择的原则、质量评估方式、评估标准、物料供应商批准的程序。如质量评估需采用现场质量审计方式的,还应明确审计内容、周期、审计人员的组成及资质。需采用样品小批量试生产的,还应明确生产批量、生产工艺、产品质量标准、稳定性考察方案。

③质量管理部门应指定专人负责物料供应商质量评估和现场质量审计,分发经批准的合格供应商名单。被指定的人员应具有相关的法规和专业知识,具有足够的质量评估和现场质量审计的实践经验。

④现场质量审计应核实供应商资质证明文件和检验报告的真实性,核实是否具备检验条件。应对其人员机构、厂房设施和设备、物料管理、生产工艺流程和生产管理、质量控制实验室

的设备、仪器、文件管理等进行检查,以全面评估其质量保证系统。现场质量审计应有报告。

⑤必要时,应对主要物料供应商提供的样品进行小批量试生产,并对试生产的药品进行稳定性考察。

⑥质量管理部门对物料供应商的评估至少应包括:供应商的资质证明文件、质量标准、检验报告、企业对物料样品的检验数据和报告。如进行现场质量审计和样品小批量试生产的,还应包括现场质量审计报告,以及小试产品的质量检验报告和稳定性考察报告。

⑦改变物料供应商,应对新的供应商进行质量评估;改变主要物料供应商的,还需对产品进行相关的验证及稳定性考察。

⑧质量管理部门应向物料管理部门分发经批准的合格供应商名单,该名单内容至少包括物料名称、规格、质量标准、生产商名称和地址、经销商(如有)名称等,并及时更新。质量管理部门应与主要物料供应商签订质量协议,在协议中应明确双方所承担的质量责任。

⑨质量管理部门应定期对物料供应商进行评估或现场质量审计,回顾分析物料质量检验结果、质量投诉和不合格处理记录。如物料出现质量问题或生产条件、工艺、质量标准和检验方法等可能影响质量的关键因素发生重大改变时,还应尽快进行相关的现场质量审计。

⑩企业应对每家物料供应商建立质量档案,档案内容应包括供应商的资质证明文件、质量协议、质量标准、样品检验数据和报告、供应商的检验报告、现场质量审计报告、产品稳定性考察报告、定期的质量回顾分析报告等。

6.6.2 物料等级分类

生产一种药品可能需要十几种甚至上百种的原料、辅料和包装材料,每种物料对药品质量的影响不同,在生产中的使用量不同,对其供应商进行质量审计和评估的要求也会有所不同。药品生产企业的质量管理部门应组织企业风险评估小组对所采购的物料进行风险评估。根据物料对产品质量的影响、风险程度,并结合使用量,通常将物料分为 A,B,C 3 类,如图 6.4 所示。

1)A 类物料

A 类物料是直接影响产品内在质量及安全性、用量较大的物料,如药品成分涉及的原料药和部分辅料、直接影响药品质量的工艺辅助剂、直接接触药品的内包材等。

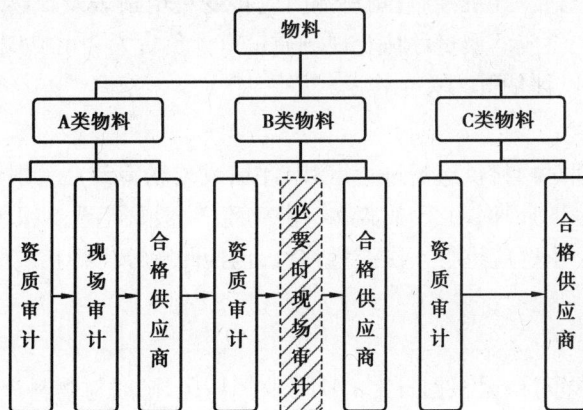

图 6.4 物料等级分类

对 A 类物料供应商,除必须符合法定的资质要求外,还要定期进行现场质量审计,全面考察企业的人员机构、生产厂房、设备设施、环境条件、生产能力、物料管理、生产管理、质量管理、售后服务以及原料等是否符合国家标准和本企业的要求。资质及现场质量审计后,首次选用的供应商还需对样品进行检验,必要时进行小批量试生产,然后由质量管理部门出具书面意见报质量受权人批准。对未达到要求的供应商由质量受权人进行否决。物料部门只能从合格供应商中选购该类物料。A 类物料供应商若需要变更,必须重新对拟定的物料供应商进行质量审计和批准。

2)B 类物料

B 类物料是对产品内在质量及安全性有影响但程度非常有限或用量很少的物料,如中药炮制用的盐、酒,辅料淀粉,外包装小盒等。

一般情况下,对 B 类物料供应商只需要进行资质审查,但若企业进行风险分析确定物料对产品质量风险程度影响较大或实际生产中用量突然变大,也需要进行现场审计。

3)C 类物料

C 类物料是对药品的质量基本没有影响的物料,如外包装材料的纸箱、热收缩膜、打包带等。

对 C 类物料供应商一般只进行资质考察,只要其产品适用就可批准供货。当其出现质量问题(如影响药品的外观)、影响生产效率或造成其他方面的不良影响时,需要组织现场审计或由质量受权人对其实施否决。当物料由非生产企业即销售商供货时,除对销售商进行经营资质审计外还需对生产企业进行相关审计。

6.6.3 供应商质量审计

1)审计的分类

(1)首次审计

首次审计是指第一次对某个供应商的某个产品或物料进行审计,适用于以前未从该供应商采购过该产品或物料。首次审计前,物料部门首先应根据企业的变更控制管理规程及操作规程进行供应商变更申请。经批准后,物料部门应将变更申请表及该物料供应商的基本资质转交给质量管理部门的供应商质量评估及现场质量审计负责人。由供应商质量评估及现场质量审计负责人组织审计、评估等相关工作。

(2)定期审计

定期审计是指定期对物料供应商进行审计、评估或现场审计。一般根据物料供应商审计评估分数确定定期审计的周期,对于 A 类物料供应商,一般每年至少组织一次现场质量审计。对所有物料供应商每个季度应进行一次质量评价,包括回顾分析物料质量检验结果、质量投诉和不合格处理记录等。

(3)动态审计

动态审计也称日常审计,是根据日常的质量监控情况,随时对物料进行审计。在以下情况下需动态审计:

①供应商发生重大质量问题或变更(如生产地址变更、工艺变更、质量标准变更)。

②连续出现 3 批进厂检验不合格或使用过程中发现潜在的质量问题。

③质量回顾分析中发现物料出现质量不稳定或存在潜在的质量问题。

④稳定性考察、留样或验证过程中发现物料可能存在潜在的质量问题。

⑤其他可能影响产品质量的情况。

2)供应商质量审计流程

以首次审计为例,供应商质量审计流程如下:

(1)审计准备

根据物料对产品质量的风险程度、结合使用量,由质量管理部门确定物料属于 A,B,C 中的哪一类,并根据物料的类别制定供应商需审计的内容和标准。

(2)供应商的非现场审计

主要是对供应商的资质、质量管理水平和产品质量的初步评估,资质审计内容及标准见表 6.7。

表6.7 资质审计内容及标准

物料类别	A 类物料	B 类物料	C 类物料
审计内容	营业执照、生产许可证、经营许可证、GMP 证书、药品注册批件(或具有药品批准文号的药用辅料的生产批件、药包材注册证)、质量标准、样品检验报告、业务员资料(进口原料应有进口药品注册证)等	营业执照、生产许可证、质量标准、样品的检验报告书、经营许可证、经营授权书、业务员资料(辅料还应有辅料注册生产批件)等	营业执照、生产、经营许可的证明文件等
合格标准	具有以上资料并在有效期内,生产或经营的范围包括拟供货的物料	具有以上资料并在有效期内,生产或经营的范围包括拟供货的物料	具有以上资料并在有效期内,生产或经营的范围包括拟供货的物料

在进行非现场审计过程中,供应商的资质审查合格后,应通知物料部门向供应商索取一个批号的样品进行检验。质量控制部门依据本企业内控质量标准对样品进行检验,填写检验记录。样品检验合格后,根据产品生产时对物料要求严格的程度决定是否需要进行样品小批量试生产,若需要小批量试生产,还应对小试产品进行质量检验和稳定性考察。若样品检验不合格或小试产品检验、稳定性考察不合格,则判为不合格供应商。

不需要进行现场审计的供应商,以非现场审计分数作为供应商批准的依据,通常分数低于 70 分(以 100 分为满分),即判为不合格供应商;需要进行现场审计的供应商,其非现场审计分数也不能低于 70 分,否则不安排现场审计,即判为不合格供应商。

3)供应商的现场审计

①现场审计的准备。a.由审计负责人组织现场审计小组,通常由生产部门、物料部门、质量管理部门选派人员,一般 3~5 人;b.审计小组根据供应商现场审计要求和物料情况确定审计项目和现场评审时间,制订现场审计计划;c.现场审计确定后,由物料部门通知供应商现场评审时间及内容,并负责与供应商的协调、安排,保证审计时所欲购买的物料正在生产,审计人

员能看到正在运行中的生产情况。

②现场审计的实施。现场质量审计的主要工作内容包括核实供应商资质证明文件和检验报告的真实性,是否具备检验条件,并对其人员机构、生产厂房、设备设施、环境条件、生产能力、物料管理、生产管理、质量管理、售后服务以及原料等进行检查,以全面评估其质量保证系统,见表6.8。

表6.8　物料现场审计内容

序号	审计项目	审计内容
1	企业概况	质量保证系统、组织机构、关键人员、职责范围、产品和产量等
2	人员	技术和质量管理人员的数量及资质情况、人员流动情况、人员健康、人员培训等
3	厂房设施	基本情况(如平面图、建筑、规模、环境、适用性、通风系统、净化系统、工艺用水系统、照明系统、防虫鼠措施、维修情况等)、生产区域面积、仓库面积等
4	设备	数量、适用性、清洁度、校验情况、维修计划、更新计划等
5	文件及记录	文件系统情况(文件制订、修改、归档等)、各项制度与规程文件、质量标准和检验方法、各项验证文件、批生产记录、批检验记录、设备使用与维修保养记录等
6	物料管理	供应商评估和批准、物料和产品的标准及检验报告、取样情况、物料产品放行情况、仓库储存条件、物料存放情况及状态标识等
7	生产管理	生产计划(包括指令程序)、产量、批的定义和均一性、制度和规程的执行情况、清场情况、物料管理情况等
8	质量管理	实验设施、试药试剂管理、对照品管理、检查和检验、设备使用及校验、稳定性试验、留样、不合格品的处理、不合格品率、用户反馈及投诉情况、产品召回、自检、产品质量评价结果的可靠性等
9	其他	变更控制情况、产品运输条件等

现场审计评估后,分数在70分(满分为100分)以下的供应商,判为不合格供应商;分数在70分以上的供应商,由现场审计小组与供应商进行意见交换,并根据审计评估情况提出整改要求,若供应商愿意根据要求进行整改,则应对整改结果进行复查;若供应商不愿意进行整改,则判为不合格供应商。

③现场审计评估结束后,现场审计小组严格按照供应商现场审计的实际情况写出供应商现场审计评估报告,作为供应商批准的依据。

4)供应商的评估与批准

根据供应商审计情况,对供应商进行评分,填写评估结果及建议,并上报质量管理部门、质量受权人进行审核、批准。

5)合格供应商管理

①质量管理部门负责合格供应商的管理,应及时更新"合格供应商名单"并分发至物料部门、生产部门、质量管理部门等。

②质量管理部门应与合格物料供应商签订质量协议,在协议中应当明确双方所承担的质量责任。

③对合格物料供应商建立质量档案,档案内容包括供应商的资质证明文件、质量协议、质量标准、样品检验数据和报告、供应商的检验报告、现场质量审计评估报告、供应商审计评估批准表、产品稳定性考察报告、定期的质量回顾分析报告等。

④物料部门在年初对供应商上一年的供货质量情况进行统计后上交质量管理部门,以便对其供货质量进行年度质量回顾。供应商年度质量回顾的内容包括采购批次、数量、检验结果、合格率、损耗率,所使用物料产品的工艺验证和稳定性考察情况等。

6.7 产品质量回顾与持续稳定性考察

6.7.1 产品质量回顾分析

产品质量回顾分析(Product Quality Review,PQR)也称"产品质量回顾",是对影响产品质量的诸多因素进行定期的回顾性分析。通过产品质量回顾分析,可以确认产品的安全性、有效性和质量可控性,发现质量改进或成本降低的机会,向企业决策层或药品监管部门汇报产品质量信息,使各部门之间进行产品信息交流,从而促进产品质量的持续改进与提高。药品生产企业每年都应对本企业所生产的所有产品(包括委托生产和委托加工的产品)进行质量回顾分析,并以书面形式上报药品监督管理部门。

产品质量回顾涉及的部门通常包括质量管理部门、生产部门、物料部门等,不同企业的部门职责可能有所不同,可根据实际情况进行调整。

1)质量受权人

督促企业按照规程和计划完成产品年度质量回顾。批准产品年度质量回顾报告。将年度产品质量回顾的情况以书面形式报告当地药品监督管理部门。

2)质量管理部门

建立企业产品质量回顾管理程序,并负责对相关人员进行培训。制订产品年度质量回顾计划,并分派相关任务;收集产品年度回顾的基础信息;协调产品年度回顾数据的收集。负责产品偏差、变更统计的分析,产品的客户投诉统计分析,产品召回、返工、再加工统计分析,与质量相关的产品退货统计及分析,跟踪及评价年度回顾报告中确定的纠正和预防措施的实施情况并报告;负责企业年度自检、接受检查情况分析。

3)质量控制部门

质量控制部门职责包括原辅料、中间品、内包装材料及成品检验方法及质量标准评价;检验方法、质量标准的变更情况及变更后评价;以放行标准为依据,对原辅料、中间品、内包装材料及成品检验结果进行总评估;产品相关超标统计及分析;工艺用水检测结果与质量标准的符合度,相关的异常情况及相应调查及采取措施的有效性、水源检测情况等;与药品直接接触的压缩空气系统质量情况分析;产品稳定性情况及趋势分析和评价;环境监测情况分析;委托检验情况分析。

4）生产部门

生产部门职责包括生产批次情况分析，产品在生产过程中出现的偏差情况及应对方法、纠正和预防措施；物料、中间品、成品以及包装材料的平衡或收率超出规定范围的调查；产品的收率、平衡统计及分析；关键工艺过程控制情况统计及分析；生产处方、工艺规程或设备等变更情况及效果分析；产品涉及的生产用仪器、仪表校验情况；生产工艺、包装工艺及变更供应商后，首次生产时的工艺验证情况总结。

5）物料部门

物料部门职责包括原辅料、包装材料的供应质量情况统计、分析；物料供应商变更情况和变更后评价；产品退货情况分析。

6.7.2 产品质量回顾分析的流程

在产品质量回顾之前，质量管理部门应建立产品质量回顾的管理规程，组织和协调各部门进行产品年度质量回顾。产品质量回顾通常遵循以下工作流程，如图6.5所示。

图6.5 产品质量回顾工作流程

1）制订计划与任务分派

根据产品质量回顾管理规程及相关要求，质量管理部门制订产品年度质量回顾计划；按照计划和部门职责将任务分派到各职能部门。

2）信息收集与汇总

各职能部门根据要求对产品相关信息、数据进行收集，按时交给质量管理部门；质量管理部门按规定的格式对收集到的产品相关信息、数据进行汇总及整理，并进行趋势分析。

3）分析讨论与报告编写

质量管理部门根据需要召集专门会议，组织相关人员对产品的相关信息、数据进行分析评价，并对重大事项进行风险评估，提出相应的纠正和预防措施；质量管理部门根据分析讨论结果编写形成产品质量回顾报告。

4）报告审批、分发及归档

质量管理部门将产品质量回顾报告上交质量受权人审核，批准后分发到各相关职能部门，原件存档。

5）CAPA 的实施与跟踪

各相关部门按照产品质量回顾报告中制定的纠正和预防措施与完成时间，及时进行改进；质量管理部门跟踪措施的实施情况，并将其汇总在下一年度的产品质量回顾报告中。

6.7.3　产品质量回顾分析报告内容要求

不同企业产品质量回顾报告的格式不尽相同,但通常包括以下 21 个部分。

1)概述

对回顾报告所涉及的内容进行说明,并注明回顾期限。回顾期限通常为 1 年,可以按年度,如 2011 年 1 月至 2011 年 12 月,也可以按时间段,如 2011 年 5 月至 2012 年 4 月。

2)产品描述

产品描述主要说明产品的基本信息,如品名、编码、规格、包装规格、有效期、执行标准、批准文号、产品工艺、关键参数、产品给药途径及适应证等。

3)年度生产情况

说明回顾周期内的生产批次、生产日期、生产量、不合格批次及返工批次等情况。

4)物料质量回顾

(1)供应商管理情况回顾

供应商管理情况回顾包括供应商审计情况、新增和变更供应商情况。

(2)原辅料、包装材料质量问题回顾

质量问题回顾包括原辅料、包装材料采购情况(供应商名称、采购批量),合格批次,不合格批次,不合格项目、原因及最终处理意见。

(3)工艺用水、与药品直接接触的气体质量问题回顾

问题回顾包括对工艺用水、净化空调系统的定期维护保养情况,质量检查是否出现异常。若出现问题,出现问题的时间、项目、原因及处理方法。

5)成品质量统计分析

根据成品质量控制项目(如性状、鉴别、杂质检查、含量、溶出度、微生物限度等)及限度标准,对回顾周期内各批号产品的质量控制结果进行统计和趋势分析。

6)生产过程控制情况

生产过程控制情况包括工艺变更情况、物料平衡、收率情况、返工与再加工情况、设施设备情况等。工艺变更情况包括有何变更、变更原因、相关研究、验证情况申报情况等。设施设备情况指主要设施设备(与该产品有关的设施设备、与药品直接接触气体抽取设备、空调系统等)的维护保养、维修及变更情况。应统计生产过程质量监控点和中间体控制情况并分析,如混合粉水分、含量,片剂硬度、片厚直径、片重、脆碎度、崩解时限,膏剂密度等。

7)偏差回顾

列出偏差情况发生的时间、内容、原因、纠正和预防措施等。可根据偏差产生的原因(如设备原因、环境原因、物料原因、操作原因、工艺原因等)、偏差产生的过程(如称量过程、制粒过程、压片过程、包装过程等)进行分类或对产品质量潜在影响的程度(如重大、一般、微小偏差)进行分类。

可将偏差的发生率与历年数据进行对比,对发生偏差的趋势及重复发生的偏差产生原因

进行分析,评价纠正和预防措施的有效性。同时,对重大偏差应重点关注,也可将其纠正和预防措施列入下一年度的质量考察项目。

8)检验结果超标回顾

列出所有发生检验结果超标(包括稳定性研究中产品在有效期内不符合质量标准情况)的产品名称、批号、内容、涉及批次及处理方法。

9)产品稳定性考察

说明回顾周期内稳定性考察(包括加速稳定性及持续稳定性考察)的批次、条件、考察目的、结果,对未结束的稳定性考察可汇总已完成考察的月份。

10)拒绝放行回顾

拒绝放行回顾包括拒绝放行的物料、中间品及成品的名称、批号、拒绝放行原因及解决措施。

11)变更控制回顾

变更控制回顾包括回顾周期内所有变更的申请日期、变更编号、变更内容、变更结果、变更评价以及向药品监督管理部门申报的变更批准和退审情况。

12)验证回顾

验证回顾包括厂房、设备设施、工艺、水系统、空气净化系统、压缩空气等验证情况,应列出验证文件编号、验证项目、目的、时间、验证完成情况等内容。

13)环境监测情况回顾

列出各生产区域环境监测(包括沉降菌、浮游菌、尘埃粒子数、温度、湿度、压差)的频次、结果和结论。

14)人员情况回顾

人员情况回顾主要是对人员新增、变更、体检及培训情况进行回顾。

15)委托加工、委托检验情况回顾

委托加工、委托检验情况回顾包括委托加工或检验产品的名称、批次、完成情况、结论等内容。对于委托生产可以由受委托生产企业进行产品回顾;对于委托检验,可以在产品原辅料、包装材料、成品质量部分介绍。

16)不良反应

列出产生不良反应(包括已存在的和新发现的不良反应)的产品名称、批号、数量,不良反应情况,处理结果,上报情况等内容。对于说明书中已存在的不良反应可以进行发生率统计,分析其趋势;对于说明书中未规定的不良反应,应分别汇总,分析原因,评估风险,决定是否需要对说明书中不良反应项目进行修订。

17)产品召回、退货回顾

产品召回、退货回顾包括所有因质量原因造成的产品退货和召回的产品名称、批号、退货或召回原因、具体情况、处理措施等内容。

18)投诉回顾

投诉回顾包括客户投诉的产品名称、批号、投诉原因、调查情况、处理措施等内容。

19) 自检和审计情况

列出自检、接受监督检查(包括药品 GMP 认证检查、跟踪检查)的次数、结果和改进措施。

20) 结论

根据上述内容的分析讨论情况,对产品质量进行总体评价,并对上年度质量回顾中所建议的纠正和预防措施的实施情况、实施效果、未实施原因及处理意见等进行总结,给出评估意见。

21) 建议

对本年度产品质量回顾中存在的问题提出相关建议,如纠正和预防措施、再确认、再验证等。

6.7.4　持续稳定性考察

药品的稳定性直接影响药物的安全性与有效性,关系到用药安全。药品研发阶段虽然会获取药品稳定性数据,但其有一定的局限性,不能准确反映或证明产品在有效期内的质量。持续稳定性考察目的是在有效期内监控已上市药品的质量,以发现药品与生产相关的稳定性问题(如杂质含量或溶出度特性的变化),并确定药品能够在标示的贮存条件下,符合质量标准的各项要求。

①持续稳定性考察主要针对市售包装药品,但也需兼顾待包装产品。例如,当待包装产品在完成包装前,或从生产厂运输到包装厂,还需要长期贮存时,应在相应的环境条件下,评估其对包装后产品稳定性的影响。此外,还应考虑对贮存时间较长的中间产品进行考察。

②持续稳定性考察的时间应涵盖药品有效期,考察方案应至少包括考察批次数、检验方法、检验方法依据、合格标准、容器密封系统的描述、试验间隔时间(测试时间点)、贮存条件、检验项目等。

③考察批次数和检验频次应能获得足够的数据,以供趋势分析。通常情况下,每种规格、每种内包装形式的药品,至少每年应考察一个批次,除非当年没有生产。

④某些情况下,持续稳定性考察中应额外增加批次数,如重大变更或生产和包装有重大偏差的药品应列入稳定性考察。此外,重新加工、返工或回收的批次,也应考虑列入考察,除非已经过验证和稳定性考察。

⑤关键人员,尤其是质量受权人,应了解持续稳定性考察的结果。当持续稳定性考察不在待包装产品和成品的生产企业进行时,则相关各方之间应有书面协议,且均应保存持续稳定性考察的结果以供药品监督管理部门审查。

⑥应对不符合质量标准的结果或重要的异常趋势进行调查。对任何已确认的不符合质量标准的结果或重大不良趋势,企业都应考虑是否可能对已上市药品造成影响,必要时应实施召回,调查结果以及采取的措施应报告当地药品监督管理部门。

⑦应根据所获得的全部数据资料,包括考察的阶段性结论,撰写总结报告并保存。应定期审核总结报告。

6.8 投诉与不良反应报告

药品是防病治病、维护人体健康的重要武器,同时还可能对人体造成伤害,导致伤残、畸形甚至死亡。因此,药品生产企业必须建立投诉与不良反应报告制度,及时、有效控制药品风险,保障公众用药安全。

6.8.1 GMP 对投诉与不良反应报告的原则要求

①应建立药品不良反应报告和监测管理制度,设立专门机构并配备专职人员负责管理。

②应主动收集药品不良反应,对不良反应应详细记录、评价、调查和处理,及时采取措施控制可能存在的风险,并按要求向药品监督管理部门报告。

③应建立操作规程,规定投诉登记、评价、调查和处理的程序,并规定因可能的产品缺陷发生投诉时所采取的措施,包括考虑是否有必要从市场召回药品。

④应由专人及足够的辅助人员负责进行质量投诉的调查及处理,所有投诉、调查的信息应向质量受权人通报。

⑤所有投诉都应登记与审核,与产品质量缺陷有关的投诉,应详细记录投诉的各个细节,并进行调查。

⑥发现或怀疑某批药品存在缺陷,应考虑检查其他批次的药品,查明其是否受到影响。

⑦投诉调查和处理应有记录,并注明所查相关批次产品的信息。

6.8.2 药品不良反应相关概念

1)药品不良反应

药品不良反应(Adverse Drug Reaction,ADR)是指合格药品在正常用法用量下出现的与用药目的无关的有害反应。药品不良反应是客观存在的,既不是人为用药过量或用法不当造成的医疗事故,也不是药品质量不合格造成的质量事故。

药品不良反应主要包括副作用、毒性作用、变态反应、继发反应、特异质反应、药物依赖性、致癌、致突变、致畸作用、首剂效应、停药综合征等。

药品不良反应分为已知的不良反应和新的不良反应。新的不良反应指药品说明书中未载明的不良反应。说明书中已有描述,但不良反应发生的性质、程度、后果或者频率与说明书描述不一致或者更严重的,按照新的药品不良反应处理。

2)药品不良事件

药品不良事件(Adverse Drug Event,ADE)指药物治疗期间所发生的不良临床事件(如并发症、病情恶化、死亡等),它不一定与该药有因果关系。药品不良事件既可能是由于药品不良反应(ADR)引起的,也可能是由于药品不合格(如假药劣药)或药品使用不当等引起的。为了最大限度地降低药品风险,应坚持"可疑即报"的原则,对药品不良事件(ADE)进行检测。

3)药品群体不良事件

药品群体不良事件是指同一药品在使用过程中,在相对集中的时间、区域内,对一定数量人群的身体健康或者生命安全造成损害或者威胁,需予以紧急处置的事件。同一药品指同一生产企业生产的同一药品名称、同一剂型、同一规格的药品。

4)严重药品不良反应

严重药品不良反应是指因使用药品引起以下损害情形之一的反应:

①导致死亡。

②危及生命。

③致癌、致畸、致出生缺陷。

④导致显著的或者永久的人体伤残或者器官功能的损伤。

⑤导致住院或者住院时间延长。

⑥导致其他重要医学事件,如不进行治疗可能出现上述所列情况的。

5)药品不良反应报告和监测

药品不良反应报告和监测是指药品不良反应的发现、报告、评价和控制的过程。

6.8.3 药品不良反应报告制度

国家实行药品不良反应报告制度。药品生产企业(包括进口药品的境外制药厂商)、药品经营企业、医疗机构应按规定报告所发现的药品不良反应。

1)药品不良反应报告范围

(1)国产新药

通常把上市5年以内的药品称为新药。新药监测期内的国产药品应报告该药品的所有不良反应。

(2)其他国产药品

报告新的和严重的不良反应。

(3)进口药品

自首次获准进口之日起5年内,报告该进口药品的所有不良反应;满5年的,报告新的和严重的不良反应。

2)药品不良反应报告时限

(1)个例药品不良反应

药品生产、经营企业和医疗机构发现或者获知新的、严重的药品不良反应应当在15日内报告,其中死亡病例须立即报告。其他药品不良反应应在30日内报告。

(2)药品群体不良事件

药品生产企业获知或者发现药品群体不良事件后,应立即通过电话或者传真等方式报所在地的县级药品监督管理部门、卫生行政部门和药品不良反应监测机构,必要时可越级报告。

3）药品不良反应监测和报告程序

药品不良反应的信息来源于市场调查和用户的直接反馈,由相关人员按 ADR 监测网收集不良反应信息并整理,如实填写药品不良反应记录单。记录内容应包括药品名称、规格、批号、信息来源、反应症状及类别、日期等。

由质量管理部门或药品不良反应监测组组织相关人员对不良反应进行评价,开展调查,并根据不良反应的严重程度进行分类处理,必要时暂停生产、销售、使用和召回相关药品。

同时,按照《药品不良反应报告和监测管理办法》的要求,对于报告范围内的药品不良反应,应如实填写药品不良反应/事件报告表、群体不良事件基本信息表,及时上报药品监督管理部门。

6.8.4 用户投诉管理制度

药品生产企业应建立用户投诉管理制度,要求对所有投诉进行登记,并对质量问题投诉进行深入调查原因,同时采取必要的措施,降低危害,防止问题的再次发生。

1）用户投诉的分类

根据投诉内容的危害,可分为以下 3 类:

（1）A 类

对用户或企业没有危害的轻微问题,如外包装破损、数量短缺、口服制剂不同批号色泽及味道差异等。

（2）B 类

药品本身不会对用户造成伤害,但可能引起麻烦或导致销量下降的重大问题,如稳定性下降、发现混入异物等。

（3）C 类

可能存在危及或伤害用户健康的严重问题,如严重的药品不良反应、热原引起过敏、剂量差错、误贴标签等。

2）用户投诉的处理

（1）A 类用户投诉

接到用户投诉后,质量管理员首先要填写"用户投诉登记表",然后根据投诉情况立即进行处理,向对方作出解释,并根据实际情况作出适当的赔偿（如补送药品或赔款）。

（2）B 类用户投诉

①接到用户投诉后,质量管理员要填写"用户投诉登记表"。

②向用户索要样品（必要时专程取样）,同时确认产品非假药、在有效期内。

③向用户调查与该批产品有关的质量问题,如药品贮存条件、药品分发复核情况、药品使用情况、主治医师情况、患者情况,确定非用户因素影响产品质量。

④企业内部自查,确定质量问题出现的原因。自查项目主要包括批记录的检查、按照质量标准对留样样品和索要样品进行全检等。

⑤质量管理部门组织相关人员对调查情况进行分析讨论、提出处理意见后,上报质量受权人。

⑥质量受权人进行审核、批准,必要时报企业负责人批准。

⑦与用户协商解决。若最终结论确认不属于产品质量问题,应向用户解释清楚。

（3）C类用户投诉

①对于药品严重不良反应或直接危害患者健康的用户投诉,在填写"用户投诉登记表"的同时,必须立即上报质量管理部门负责人,不得延误。必要时,还应立即上报药品监督管理部门。

②立即走访用户,按规定取样,必要时封样。

③向用户了解情况,询问用药、发药、复核情况,索要致使发生不良反应的药品实物或包装残盒。所有调查、取证,全部记录在案,不得遗漏。

④详细审查批生产记录、批包装记录、批监控记录、批检验记录,并按质量标准立即对留样样品进行全项检验。

⑤确认用户样品非假药后,对用户样品进行全项检验。

⑥质量受权人召集质量管理部门、生产部门和销售部门的相关人员,对调查情况进行分析讨论、提出解决措施。必要时作出产品紧急召回决定。

·本章小结·

质量控制与质量保证是药品质量管理的重点,涉及的内容包括质量控制实验室管理、物料和成品放行、持续稳定性考察、变更控制、偏差处理、纠正措施和预防措施、供应商的评估和批准、产品质量回顾、投诉与不良反应报告管理等。质量控制实验室的人员、设施、设备应与生产规模相匹配,并按规定对人员、文件、取样、留样及试剂试药、持续稳定性考察进行管理。应重点掌握物料、中间品、成品放行的原则和程序以及不合格品处理的方法;物料等级分类、供应商质量审计的分类及流程;产品质量回顾的目的、流程以及产品质量回顾报告的内容;药品不良反应报告相关制度以及用户投诉管理制度。

复习思考题

1. 质量控制实验室文件包括哪些?
2. 取样的原则有哪些?
3. 如何制订取样计划?
4. 取样的基本流程是什么?
5. 什么是留样? 留样的目的是什么?
6. 简述物料放行程序。
7. 如何对不合格品进行处理?
8. 什么是变更? 变更的分类有哪些?
9. 什么是偏差? 偏差产生的原因有哪些?
10. 纠正措施和预防措施有哪些区别?
11. 什么是产品质量回顾? 为什么要进行产品质量回顾?

第7章 文件管理

【学习目标】

1. 掌握 GMP 对文件管理的要求。
2. 熟悉文件管理的主要内容。

> ### 案例导入
>
> **安徽华源"欣弗"克林霉素注射液事件**
>
> 2006 年 7 月 27 日,SFDA 接到青海省食品药品监督管理局报告,在青海省西宁市部分患者使用安徽华源生产的"欣弗"牌克林霉素磷酸酯葡萄糖注射液(国药准字H20010813,涉及批号:06060801、06062301、6062601、06062602、06041302)出现了胸闷、心悸、心慌、寒战、肾区疼痛、腹痛、腹泻、恶心、呕吐、过敏性休克、肝肾功能损害等临床症状。随后,广西、浙江、黑龙江、山东等省(自治区)食品药品监督管理局也分别报告在本省(自治区)内发现相同品种出现相类似临床症状的病例。克林霉素磷酸酯葡萄糖注射液,属于抗生素药类,适用于敏感细菌引起的感染性疾病,临床上主要用于敏感的革兰阳性菌和厌氧菌引起的多种感染。该药的不良反应主要为胃肠道反应、过敏反应,还可能出现肝功能异常、肾功能异常等。国家食品药品监督管理局会同安徽省食品药品监督管理局对安徽华源生物药业有限公司进行现场检查。经查,该公司 2006 年 6—7 月生产的克林霉素磷酸酯葡萄糖注射液未按批准的工艺参数灭菌,降低灭菌温度,缩短灭菌时间,增加灭菌柜装载量,影响了灭菌效果。经中国药品生物制品检定所对相关样品进行检验,结果表明,无菌检查和热原检查不符合规定。

文件是以文字或图示描述管理内容或业务内容,通过规定程序由有权人员签署发布,要求接收者据此作出规范反应的电子文档或纸质文档。文件管理则指文件的设计、制定、审核、批准、分发、执行、归档和变更等一系列过程的管理活动。企业应建立文件管理的操作规程,系统地设计、制定、审核、批准和发放文件,与药品生产相关的文件应经质量管理部门的审核。

文件管理对药品生产全过程规范运行,避免生产过程随意性、无序性起着重要的作用,对药品生产有着重要的意义:有助于建立规范的管理体系;有助于明确管理和工作职责;有助于对员工进行培训和教育;保证药品生产全过程有序地符合规定要求;有助于监督检查和管理;

能真实反映药品生产全过程;便于进行追踪管理;为 GMP 检查和质量审计、GMP 认证及质量管理体系认证提供必要支持。企业应严格文件管理、保证药品生产全过程规范运行,避免生产操作过程的随意性和无序性。

7.1 文 件

药品生产质量管理文件包括两大类,即标准程序文件和记录表格文件。具体可分为质量标准、生产处方和工艺规程、操作规程、管理规程、记录以及报告等。文件的起草、修订、审核、批准、替换或撤销、复制、保管和销毁等应按照操作规程管理,并有相应的文件分发、撤销、复制、销毁记录。

7.1.1 文件系统

企业必须有内容正确的书面质量标准、生产处方和工艺规程、操作规程以及记录等文件。上述文件共同构成了药品生产质量管理的文件系统。这些文件之间存在着相互的关联,其关系如图7.1所示。

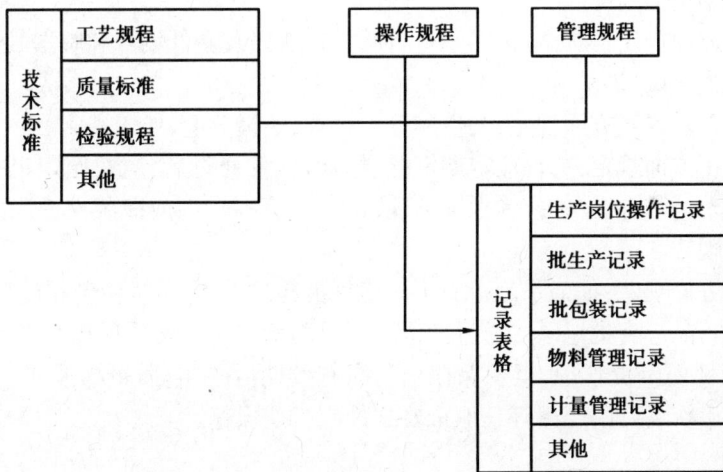

图 7.1 药品生产质量管理文件系统结构图

1) 技术标准

技术标准文件包含质量标准、工艺规程、检验规程等阐明标准要求的文件。质量标准是药品质量特性应达到的技术要求,是药品生产、检验和评定质量的技术依据。工艺规程是指规定药品生产工艺过程和操作方法等的文件。检验规程是指规定原料、中间品和成品检验方法和操作的文件。

2) 操作规程

操作规程是指由有权部门为保证生产安全、稳定、有序进行而制定的,阐明操作要求的文件。操作规程包含生产操作规程、辅助操作规程、检验操作规程等,如某制药生产企业的"薄膜包衣标准操作规程"。相关人员在生产操作时必须严格执行操作规程中要求的程序或步骤。

3)管理规程

管理规程是指阐明药品生产企业生产系统的设置和运行管理要求的文件,包括生产管理、质量管理、物料管理、计量管理、设备管理等,如"员工上岗培训管理规程"。

4)记录表格

记录表格文件包含生产岗位操作记录、批生产记录、批包装记录、物料管理记录、计量管理记录等阐明结果或完成活动证据的文件。

7.1.2　文件要求

药品生产质量管理文件应具有系统性、动态性、适用性、严密性和可追溯性的特点,以适应制药行业的要求。因此,文件应定期审核、修订,与药品生产质量有关的每项活动均应有记录,以保证产品生产、质量控制和质量保证等活动可以追溯。

GMP从多个方面对药品生产质量文件作出了明确的规定和要求:

①文件内容方面规定:文件的内容应与药品生产许可、药品注册等相关要求一致,并有助于追溯每批产品的历史情况。

②文件格式方面规定:文件应标明题目、种类、目的以及文件编号和版本号。文字应确切、清晰、易懂,不能模棱两可。

③文件的存放及保管方面规定:文件应分类存放、条理分明,便于查阅。

④文件的使用方面规定:文件应定期审核、修订;文件修订后,应按照规定管理,防止旧版文件的误用。分发、使用的文件应为批准的现行文本,已撤销的或旧版文件除留档备查外,不得在工作现场出现。

⑤文件记录方面规定:批记录是指用于记述每批药品生产、质量检验和放行审核的所有文件和记录。每批药品应有批记录。通过批记录可追溯所有与成品质量有关的历史信息。批记录应由质量管理部门负责管理,至少保存至药品有效期后一年;质量标准、工艺规程、操作规程、稳定性考察、确认、验证、变更等其他重要文件应长期保存。

7.1.3　文件格式

1)基本组成

文件结构组成有:目的、责任人、规程(或内容)。完整的文件还包括附件和记录。

(1)目的

文件目的说明编制本文件的理由和基本内容,以及实施后期望达成的结果。如需对文件的适用范围作出界定,可在目的项后加以说明。

(2)责任人

责任人指本文件的使用部门、使用岗位或使用人。若是重大的管理程序并涉及多部门时,应加上参与部门的负责人和主管领导。

（3）规程

规程也称内容，指文件的正文，是文件的主体。

（4）附件

附件为正文的补充。当正文内容涉及复杂的细节或与正文相关的技术、法规，可把它们分离作为附件，按顺序附正文后，便于文件的理解和使用。

（5）记录

记录一般包括编号、公司名称、操作人、地点或工序、操作日期、操作方法、操作结果、检查人员、检查日期等与文件主题相关的信息。记录文件通常设计成表格形式，并要求有足够的填写空间。

2）文件封面及编码

文件还应有封面及编码。文件封面包括文件名称、编码、页数、制订人、审核人、制订部门、分发部门、制订日期、批准日期、实施日期等信息。文件名称应紧扣内容、简练。文件编号应指明本文件的性质（即本文件属质量标准类或是标准操作规程类等）、文件系统类别和版本号，应具备便于查找、系统性和可扩容性强的特点。文件编码需做到格式规范、类别清晰、一文一号，使每一份文件、每一页标准操作规程、附件、记录均具受控标记。如某制药企业的文件，名称为《GMP 文件系统管理规程》，文件编号为"MWJMN-01-1"。编号中，M 指 GMP 系统，WJ 指文件系统，MN 指管理系统，-01 指文件顺序号，-1 指文件版本号。

为便于查阅文件，可对编码的文件建表管理。表 7.1 即为对编码文件进行建表管理的登记表：

表 7.1　文件编码登记表

序号	文件类别	文件编码	文件名称	总页数	版别	控制范围	实施日期	备注

3）示例

示例 7.1　某制药企业文件

生产文件管理规定(名称)		颁发部门		
		接收部门		
		生效日期		
管理标准文件(类型)	制订人		制订日期	
文件编号		审核人		审核日期
文件页数	共　页	批准人		批准日期
分发部门				

1 目的

建立生产部门各种生产文件管理规定,保证文件管理符合 GMP 要求。

2 范围

生产部门各种文件。

3 责任人

各部门负责人负责监督、检查,文件管理员负责执行。

4 内容

4.1 部门内的生产文件管理应执行公司文件管理制度。

4.2 部门内的生产文件由部门负责人指定人员负责统一管理,需要贯彻执行的文件,按部门负责人的要求下发相关部门。

4.3 各工序生产用标准操作规程文件,由公司文件控制中心将规定分发至车间,由车间指定文件管理员签收,并按要求下发至有关班组、工序,由班级、工序负责人妥善保管。

4.4 文件内容涉及跨车间时应进行会签,再发至有关班组、工序。

4.5 文件修订后,应及时将修订后的文件按程序分发至有关班组、工序,公司文件控制中心收回修改前的文件集中登记处理。生产现场不得出现相同文头不同版本的文件。

4.6 分发至各生产部门、班组的文件,应由各部门负责人、班组长组织学习,并按文件规定执行。

4.7 生产部门及各班组文件应妥善保管,不得丢失,并注意密级范围,防止泄密。

7.2 质量标准管理

质量标准是指能反映产品质量特性的指标和技术参数,把这些指标和技术参数明确规定下来,并按一定的撰写格式呈现,就形成了质量标准文件。物料和成品应有经批准的现行质量标准;必要时,中间产品或待包装产品也应有质量标准。

7.2.1 质量标准分类

药品质量标准有国家标准、临床研究用药品质量标准、暂行或试行药品标准、企业标准 4 类。

国家标准是指由国家食品药品监督管理部门(SFDA)颁布的《中国药典》、国家注册标准和其他药品标准,其内容包括质量指标、检验方法以及生产工艺等技术要求。国家注册标准是指由 SFDA 批准给申请人特定药品的标准,企业在生产该药品时,必须执行该注册标准。其他药品标准包括卫生部颁药品标准、新药转正标准、进口药品标准等。国家标准是药品须达到的最低质量标准。药品必须符合国家标准。

临床研究用药品质量标准须经国家药品监督管理部门药品审评中心批准,仅在新药临床试验期间有效,且只供研制单位和临床试验单位使用。新药经临床试验或使用后,报试生产时使用的标准称"暂行药品标准";暂行标准执行两年后,如果药品质量稳定,该药经申请转为正式生产时使用的标准称为"试行药品标准"。试行标准执行两年后,若药品质量仍稳定,经SFDA主管部门批准可转为国家标准。

企业标准一般由药品生产企业制订,不是法定标准,仅在本厂或本系统内有约束力。通常情况下,企业标准的各项指标都会高于国家标准的要求。

7.2.2 质量标准要求

1) 物料质量标准

物料质量标准包括的内容要求有:

①物料的基本信息,包括企业统一制定的物料名称和内部使用的物料代码;质量标准的依据;经批准的供应商;印刷包装材料的实样或样稿。检测项通常包括性状、检查、鉴别、含量测定等。

②取样、检验方法或相关操作规程编号。

③定性和定量的限度要求。

④贮存条件和注意事项。

⑤有效期或复验期。

2) 成品质量标准

成品是指已完成所有生产操作步骤和最终包装的产品。成品质量标准文件应包含以下内容:产品名称以及产品代码;对应的产品处方编号(如有);产品规格和包装形式;取样、检验方法或相关操作规程编号;定性和定量的限度要求;贮存条件和注意事项;有效期。

成品质量标准文件中,产品名称项应为药品的通用名,而不是商品名。通用名是药品的法定名称。药品的通用名是根据卫生部药典委员会《新药审批办法》的规定进行的命名。产品规格是指单位剂量药品中含有药物的量,同一种药品可以有不同的规格,如硝苯地片的规格有:10 mg/片或5 mg/片。此外,产品规格还可指包装规格,如10 mg×100片。

另外,外购或外销的中间产品和待包装产品也应有质量标准;如果中间产品的检验结果用于成品的质量评价,则应制定与成品质量标准相对应的中间产品质量标准。

3) 示例

示例7.2 某制药企业物料质量标准

1 品名:羧甲淀粉钠

2 辅料编号:F07

3 法定规格标准:

   3.1 标准依据:《中国药典》2010版二部

   3.2 内容:本品为淀粉在碱性条件下与氯乙酸作用生成的淀粉羧甲基醚的钠盐。按干燥品计算,含钠(Na)应为2.0%~4.0%。

【性状】 本品为白色或类白色粉末,无臭,在空气中有引湿性。

本品在水中分散成黏稠状胶体溶液,在乙醇或乙醚中不溶。

【鉴别】 ①取本品约0.1 g,加水5 mL,摇匀后,加碘试液1滴,即显蓝色。

②本品显钠盐的鉴别反应（附录Ⅲ）。

【检查】 ①酸碱度。取本品1.0 g，加水100 mL振摇后，依法鉴定（附录Ⅵ H），pH值应为5.5~7.5。

②总氯量。取本品约0.5 g，精密称定，置于250 mL锥形瓶中，加水150 mL摇匀后，加铬酸钾指示液1 mL，用硝酸银滴定液（0.1 mol/L）滴定，每1 mL硝酸银滴定液（0.1 mol/L）相当于3.545 mg的Cl。按干燥品计算，含总氯量不得超过3.5%。

③干燥失重。取本品，按照《干燥失重测定法标准操作规程》测定，在130 ℃干燥90 min，减失重量不得超过10.0%（附录Ⅷ L）。

④铁盐。取本品0.5 g，置坩埚中，缓缓炽灼至完全炭化，放冷，加硫酸0.5 mL使其湿润，低温加热至硫酸蒸气除尽后，在550~600 ℃炽灼使完全灰化，放冷后，加稀盐酸4 mL，在60 ℃水浴中加热10 min，同时搅拌使溶解，放冷（必要时需滤过），移置50 mL纳氏比色管中，依法检查，（附录Ⅷ G）与标准铁溶液2.0 mL用同一方法制成的对照液比较，不得更深（0.004%）。

⑤重金属。取本品1.0 g，按照《重金属检查法标准操作规程》（SOP—QC—092—00）检查（第二法），含重金属不得超过20%。

【含量测定】 取干燥失重项下的本品约0.45 g，精密称定，置250 mL具塞锥形瓶中，加冰醋酸50 mL，密塞摇匀，置沸水浴上加热2 h，每隔30 min振摇1次，使颗粒分散，冷却后，移至100 mL烧杯中，锥形瓶用冰醋酸洗涤3次，每次5 mL，洗液并入烧杯中，照电位滴定法（附录Ⅶ A），用高氯酸滴定液（0.1 mol/L）滴定。每1 mL高氯酸滴定液（0.1 mol/L）相当于2.299 mg的Na。

【类别】 赋形剂。

【贮藏】 密封，在干燥处保存。

4 卫生学标准：细菌≤1 000 个/g，霉菌≤100 个/g，控制菌不得检出。

7.3 工艺规程管理

工艺规程是指为生产特定数量的产品而制定的一个或一套文件。工艺规程对原辅料的规格和用量、包装材料的数量、工艺参数和条件、加工说明（包括中间控制）、注意事项等作出详尽的规定，是指导药品生产最重要的文件，是制定批生产记录的依据。

7.3.1 工艺规程的编制

工艺规程由生产企业依据《药品管理法》《中国药典》和《药品生产质量管理规范》、药监部门的产品批文、研发技术资料、设备使用说明书、设备及工艺验证结果等资料，组织相关人员制订，经审核批准后颁发执行。

工艺规程颁发后，企业各有关车间应组织本车间各级管理、操作人员进行学习，并进行考核，考核合格者方能上岗。凡从事生产的操作人员、管理人员必须认真遵守，严格执行，任何人不得擅自改动。工艺规程在使用期间,如需修改,应按相关的操作规程修订、审核、批准。技术部门负责将修改结果通知各部门,并在规程中详细记录变更。新工艺规程颁发的同时,技术部门须将各部门、车间的旧版本收回,统一封存处理,并登记备案。

工艺规程属企业的内部资料,应建立编号,确定保密级别、印制数量和发放部门,并填写工艺规程发放登记表,发放时由接收人及负责保管人签字确认。工艺规程初稿和正式件由技术档案室存档保管。

7.3.2　工艺规程的管理要求

每种药品的每个生产批量均应有经企业批准的工艺规程,不同药品规程的每种包装形式均应有各自的包装操作要求。生产企业在制定工艺规程时,应以注册批准的工艺为依据。每种药品的每个生产批量的工艺规程均应完整。工艺规程的模式并非固定,企业在制定工艺规程时,应根据自身的实际情况制定相应的模式。

以制剂工艺规程为例,其内容至少应包括生产处方、生产操作要求、包装操作要求。

1)生产处方

生产处方是指生产一种药品的某剂型产品时,用于阐明其品名、规格、原辅料组成等信息的文件。药品的生产处方至少应包含以下3项内容。

①产品名称和产品代码。

②产品剂型、规格和批量。

③所用原辅料清单(包括生产过程中使用,但不在成品中出现的物料),阐明每一种物料的指定名称、代码和用量;如原辅料的用量需要折算时,还应说明计算方法。

2)生产操作要求

生产操作要求是指阐明药品生产时,须具备的条件、设备的使用、中间控制方法及标准、待包装产品贮存要求等信息的文件。生产操作要求文件至少应包含以下7项内容。

①对生产场所和所用设备的说明(如操作间的位置和编号、洁净度级别、必要的温湿度要求、设备型号和编号等)。

②关键设备的准备(如清洗、组装、校准、灭菌等)所采用的方法或相应操作规程编号。

③详细的生产步骤和工艺参数说明(如物料的核对、预处理、加入物料的顺序、混合时间、温度等)。

④所有中间控制方法及标准。

⑤预期的最终产量限度,必要时,还应说明中间产品的产量限度,以及物料平衡的计算方法和限度。

⑥待包装产品的贮存要求,包括容器、标签及特殊贮存条件。

⑦需要说明的注意事项。

3)包装操作要求

包装操作是指用适当的材料或容器、利用包装技术对药物制剂的半成品或成品进行分(灌)、封、装、贴签等的加工过程。药品包装必须适合药品质量的要求,方便贮存、运输和医疗使用,必须按规定印有或者贴有标签并附有说明书。标签或说明书上必须注明药品的通用名称、成分、规格、生产企业、批准文号、产品批号、生产日期、有效期、适应证或者功能主治、用法、用量、禁忌、不良反应和注意事项。

药品包装操作的要求包括以下内容：

①以最终包装容器中产品的数量、质量或体积表示的包装形式。

②所需全部包装材料的完整清单，包括包装材料的名称、数量、规格、类型以及与质量标准有关的每一包装材料的代码。

③印刷包装材料的实样或复制品，并标明产品批号、有效期打印位置。

④需要说明的注意事项，包括对生产区和设备进行检查，在包装操作开始前，确认包装生产线的清场已经完成等。

⑤包装操作步骤的说明，包括重要的辅助性操作和所用设备的注意事项、包装材料使用前的核对。

⑥中间控制的详细操作，包括取样方法及标准。

⑦待包装产品、印刷包装材料的物料平衡计算方法和限度。

4) 示例

示例7.3　马来酸氯苯那敏片生产处方

1　品名、代码、剂型、规格

 1.1　品名：马来酸氯苯那敏片

 1.2　代码：CG068

 1.3　剂型：片剂

 1.4　规格：4 mg

2　批准文号：国药准字 H41025423

3　处方与依据

 3.1　处方

原辅料名称	原辅料代码	规　格	1 000 片用量/kg	实际生产执行配方用量 300 万片/kg	备　注
马来酸氯苯那敏	YG057	80 目	0.004	12	
淀粉	FG004	120 目	0.04	120	
糊精	FG009	120 目	0.03	90	
羧甲淀粉钠	FG010	80 目	0.000 7	2.1	
硬脂酸镁	FG003	80 目	0.000 7	2.1	
乙醇	FY014	27% ~29%	适量	72 ~81	

 3.2　处方依据

《中国药典》2010 年版第二部。

7.4 批生产记录管理

批是指经一个或若干加工过程生产的、具有预期均一质量和特性的一定数量的原辅料、包装材料或成品。批生产记录是指用于记述每批药品生产、质量检验和放行审核的所有文件和记录。批生产记录以工艺规程为依据，形式上将生产过程分解为数个相对独立的工艺单元，然后按照操作的先后顺序，用一系列操作指令将整个工艺过程串联起来。

工艺规程和批生产记录是确保药品的生产符合已验证的工艺并且是可追溯的重要文件和依据，通过它们可追溯所有与成品质量有关的历史信息。每批产品均应有相应的批生产记录。

7.4.1 批生产记录内容

批生产记录应以现行批准的工艺规程为依据来制定，记录的设计应避免填写差错。批生产记录的每一页应标注产品的名称、规格和批号。批生产记录内容包括：

①产品名称、规格及批号。

②生产以及中间工序开始、结束的日期和时间。

③每一生产工序的负责人签名。

④生产步骤操作人员的签名；必要时，还应有操作（如称量）复核人员的签名。

⑤每一原辅料的批号以及实际称量的数量（包括投入的回收或返工处理产品的批号及数量）。

⑥相关生产操作或活动、工艺参数及控制范围，以及所用主要生产设备的编号。

⑦中间控制结果的记录以及操作人员的签名。

⑧不同生产工序所得产量及必要时的物料平衡计算。

⑨对特殊问题或异常事件的记录，包括对偏离工艺规程的偏差情况的详细说明或调查报告，并经签字批准。

7.4.2 批生产记录管理要求

原版空白的批生产记录应经生产管理负责人和质量管理负责人审核和批准。批生产记录的复制和发放均应按照操作规程进行控制并有记录，每批产品的生产记录只能发放一份原版空白批生产记录的复制件。为了便于装订和保存，批生产记录应采用16开或16开倍数的纸印刷，如8开、32开等。洁净区使用的批生产记录应采用不掉纤维的纸张。

批生产记录的填写应按以下要求进行：

①批生产记录必须由操作者本人填写。在生产过程中，进行每项操作时应及时记录，不得提前填写，也不得过后再凭记忆填写。原始数据和内容不得先写在纸片或其他地方，再抄写到批生产记录上。操作结束后，应由生产操作人员确认并签注姓名和日期。

②表格内不得留有空格，无内容项一律以"/"表示。相同内容栏，应重复抄写，不得用其

他符号或"同上"等文字代替。需特别说明的事项,可在备注栏中注明。

③字迹清晰,可用黑色或蓝黑色钢笔或中性笔填写,不得用圆珠笔或铅笔书写。

④批生产记录不得撕毁,无缺角破损,记录页面及背面不得涂画与生产记录无关的内容,也不得作为计算的草稿纸使用。

⑤数据或内容不得任意涂改,如确实需要更改,应用双水平直线把原数据或内容划去,再在旁边重写,并签名和标注日期。不得使用涂改液或把原数据内容涂黑后更正,也不得用橡皮擦去或用刀片刮去原内容后更正。

⑥操作者、复核者签名须写全名,不得只写姓氏。品名应按法定名称写全,不得简写。日期一律横写,并不得简写,如 2011 年 6 月 12 日不得写成"11/6/12"或"6/12"。

⑦仪表或其他计量器具的读数要求读至最小分格的 1/2 格,记录时保留一位可疑数字,计算结果应按数字修约规则修约,并保留相应位数的有效数字。

⑧批生产记录中的计量单位一律采用法定计量单位,不得使用非法定计量单位。批生产记录要与其他岗位、班组或车间有关的操作记录保持一致性、连贯性。

批生产记录的保管按以下要求进行:批生产记录必须按产品、批号、种类等分类保管,以便查找;批生产记录由车间指定人负责保管,并建立产品批记录档案;批生产记录应保存 3 年或产品有效期后 1 年,凡超过保存期限的批生产记录,须按相关规程进行封存或销毁。

7.5 批包装记录管理

批包装记录是指对一批次的全部或部分产品进行分装、贴签等操作时涉及的所有文件,包括包装指令、包装记录、监控记录、异常情况记录等。每批产品或每批产品中部分产品的包装,都应有批包装记录,以便追溯该批产品包装操作以及与质量有关的情况。需要指出的是,无菌生产工艺中,产品的无菌灌装以及最终灭菌产品的灌装不视为包装操作。

7.5.1 批包装记录内容

要使批包装记录发挥可追踪产品质量的功能,就必须把与产品质量追溯相关的重要信息在包装过程中及时记录下来。药品生产的批包装记录应包括以下内容:

①产品名称、规格、包装形式、批号、生产日期和有效期。

②包装操作日期和时间。

③包装操作负责人签名。

④包装工序的操作人员签名。

⑤每一包装材料的名称、批号和实际使用的数量。

⑥根据工艺规程所进行的检查记录,包括中间控制结果。

⑦包装操作的详细情况,包括所用设备及包装生产线的编号。

⑧所用印刷包装材料的实样,并印有批号、有效期及其他打印内容;不易随批包装记录归档的印刷包装材料可采用印有上述内容的复制品。

⑨对特殊问题或异常事件的记录,包括对偏离工艺规程的偏差情况的详细说明或调查报告,并经签字批准。

⑩所有印刷包装材料和待包装产品的名称、代码,以及发放、使用、销毁或退库的数量、实际产量以及物料平衡检查。

7.5.2　批包装记录管理要求

批包装记录是追踪产品质量的重要文件,它的制定、设计、使用及保管等均应按 GMP 的相关要求去执行。

①批包装记录的制定须以工艺规程为依据,记录的设计应注意避免填写差错。

②原版空白批包装记录应经生产管理负责人和质量管理负责人审核和批准,复制和发放应按规程进行,并有记录。

③每批产品的包装只能发放一份原版空白记录的复制件。

④在一批产品的包装过程中,相关人员应及时在记录上如实填写每项操作。应保持记录的整洁,不得撕毁和任意涂改。若发现填写错误,应按规定的程序更改。操作结束后,包装操作人员应确认并签注姓名和日期。

⑤批包装记录在使用过程中如需修改,应按相关规程进行。修改后的批包装记录,须经质量管理部门审核、批准后才可使用。在新版本批包装记录发放的同时,须把各部门、各车间旧版本回收。旧版本的批包装记录一律不得在生产现场出现。

⑥包装操作完成后,形成的批包装记录与批生产记录一起交由质量管理部门按批号归档,保存至药品有效期后一年。超过保存期的记录,由保管人提出申请,按相应管理规程审核后封存或销毁。

⑦不得擅自复制、外借批包装记录,如需调阅,应按规程向相关管理部门提出申请,经审核批准后方可。借阅完毕,应及时归还保管部门。

7.6　操作规程管理

操作规程又称标准操作规程(Standard Operation Procedure,SOP),指经批准用来指导设备操作、维护与清洁、验证、环境控制、取样和检验等药品生产活动的通用性文件,是工艺规程的具体体现。

7.6.1　操作规程的编写

操作规程是生产企业用于指导一线操作人员进行生产操作的直接依据,因此,它的编写必须条理清晰、文字简练、技术要求准确,不能使用模棱两可的语言和词汇,避免带来理解上的歧义,并尽可能采用文字、列表、数据化相结合的表达方式,便于一线操作人员识读、理解和使用。

操作规程内容包括题目、编号、版本号、颁发部门、生效日期、分发部门以及制定人、审核人、批准人的签名并注明日期,标题、正文及变更历史。厂房、设备、物料、文件和记录应有编号(或代码),并制定编制编号(或代码)的操作规程,确保编号(或代码)的唯一性。

确认和验证,设备的装配和校准,厂房和设备的维护,清洁和消毒,培训、更衣及卫生等与人员相关的事宜,环境监测,虫害控制,变更控制,偏差处理,投诉,药品召回,退货等活动应有相应的操作规程,其过程和结果应有记录。

7.6.2　操作规程的管理要求

由企业的技术管理部门统一组织和协调操作规程的编写。在操作规程的每一页上,都应有标识。编写完成的操作规程,须经生产企业生产和质量管理部门审核、批准后方可执行。操作规程上应有编写人、审核人、批准人的签字、日期及批准执行日期。操作规程的各种修改稿和正式文件应归档保存。

操作规程应随工艺规程的修订而相应进行,一般不超过两年需修订一次。修订稿的编写、审核、批准程序与制定时相同。当工艺改革、设备更新或改进、原辅料变更时,需对操作规程进行更改。

各级操作人员必须按照操作规程进行操作,不得擅自更改内容和数据。在非正常情况下不能按正常规程操作时,操作人员应作紧急处理并记录,及时上报,由生产、技术、质量管理部门提出处理方案,经批准后方可继续生产。

示例7.4　某制药企业纯化水制备标准操作规程

文件名称	纯化水制备标准操作规程		编　码	SOP-JS-002-00	
			页　数	2-1	实施日期
制订人		审核人		批准人	
制订日期		审核日期		批准日期	
制订部门		分发部门			

目　　的:规范纯化水制备的操作,保障纯化水的质量。

适用范围:纯化水的制备。

责任人:纯化水制备人员执行本规程,工程部管理人员负责检查、监督本规程的实施。

操作规程

1　准备工作

　1.1　每次制纯化水之前,先从水源取样口取样,检查进水的外观及浊度是否符合饮用水标准。

　1.2　检查所有阀门的开、关状态是否正确,设备状态是否正常。

　1.3　接通电源,打开砂滤器进水阀,将砂滤器的控制器按钮按下箭头方向转至"SERVICE"位置,打开砂滤器出水阀,2 min后,在取样口取水样,检查砂滤器出水的浊度,如果浊度小于3时,可进入碳纤维过滤器。如果浊度大于3时,砂滤器按《纯化水系统清洁标准操作规程》清洗。

2　正常运行

2.1　当检查砂滤器出水符合要求后，打开碳纤维过滤器的进水阀，让水进入碳纤维过滤器及精密过滤器。并分别观察两过滤器进出水压力表的压力差，当压力差大于0.08 MPa时须及时更换滤芯。

2.2　打开高压泵的进水阀、出水阀及出浓水阀，启动高压泵，慢慢调节淡水和浓水流量调节阀，使淡水和浓水的流量均为500 L/h左右。

2.3　观察反渗透器进水和出水压力表的压力是否正常，如不正常应立即关掉高压泵，检查阀门有无开启和调节好。

2.4　打开混合床上排阀，启动淡水泵，打开混合床的上进阀及进前级水阀（如此时流量计无流量显示，应及时关淡水泵，检查淡水泵内是否有空气，再启动淡水泵），调节流量至500 L/h，打开下排阀、关上排阀，2 min后打开出纯化阀，纯水进入纯水箱。

2.5　送纯水时先接通紫外灯的电源，然后打开纯水泵进出水阀，启动纯水泵，打开紫外灯灭菌器出水阀，打开微孔过滤器排气阀，排尽空气后关掉排气阀，把纯化水输送至用水点。

3　结束工作

3.1　当每次制纯化水结束之前，先开反渗透器排空阀，关反渗透器的出浓水阀，冲洗15 min后停机，关闭电源及所有阀门（淡水、浓水流量调节阀不关，混合床上排阀略微打开）。

3.2　制纯化水过程中，在正常情况下每隔30 min记录一次。不正常情况应及时记录。记录于《纯化水制备操作记录》（REC—SB—002—00）。

3.3　每次生产结束，做好场地清洁工作，放置好生产记录，生产工具，清洁工具等。

·本章小结·

文件是质量保证系统的基本要素，是实施和保证药品生产质量管理体系有效运行的基础。在药品生产质量管理中，文件的类别包括质量标准、生产处方和工艺规程、操作规程、管理规程、记录以及报告等。文件管理是指文件的设计、制订、审核、批准、分发、培训、执行、归档和变更等一系列过程的管理活动。文件应有统一的格式，基本组成有：目的、责任人和规程，完整的文件还包括附件和记录。工艺规程是在具体的生产条件下，将最合理或较合理的工艺过程和操作方法，按规定的形式制定成工艺文本，经审批后用来指导生产并严格贯彻执行的指导性文件；是生产企业各部门必须共同遵守的准则，是组织与生产的主要依据，是技术管理的基础。记录贯穿于质量管理的所有环节，是产品质量可追溯的重要保证，因此，必须严格按照要求如实填写并妥善保管。

复习思考题

1. 什么是文件管理？
2. 批生产记录的填写有哪些要求？
3. 文件如何分类？

第8章 生产管理

【学习目标】

1. 熟悉 GMP 对生产管理的原则要求。
2. 掌握生产准备阶段、生产过程、清场阶段的管理要点。

案例导入

甲氨蝶呤事件

2007 年 7 月 6 日,国家药品不良反应监测中心陆续收到广西、上海等地部分医院的药品不良反应报告:一些白血病患儿使用上海医药(集团)有限公司华联(以下简称"上海华联")制药厂生产的注射用甲氨蝶呤后出现下肢疼痛、乏力、进而行走困难等症状。卫生部和国家局联合成立工作组,会同上海市卫生和药监部门,共同对"上海华联"有关药品的生产、运输、贮藏、使用等各个环节存在的问题开展深入调查。9 月 14 日,联合专家组查明,华联制药厂现场操作人员在生产过程中将硫酸长春新碱尾液混于注射用甲氨蝶呤药品中,导致多个批次的药品被硫酸长春新碱污染,造成重大的药品生产质量责任事故。混入的长春新碱注入体内后,对身体的中枢神经系统将造成严重损害,导致绝大多数使用问题药品的患者下肢疼痛、麻木、继而萎缩,无法直立和正常行走。2007 年 12 月 13 日,国家食品药品监督管理局宣布:上海医药(集团)有限公司华联药厂因造成重大药品生产质量责任事故被依法吊销《药品生产许可证》,没收违法所得,给予《药品管理法》规定的最高处罚。企业相关责任人被公安部门刑事拘留,并依法追究其刑事责任。

药品质量源于设计、实现于生产过程,生产质量合格的药品是企业最基本的任务。药品生产管理指综合人员、物料、设备、生产工艺等生产要素形成最终产品的过程中所进行的计划、组织与控制,是保证药品质量形成的关键环节。

8.1 生产管理概述

药品生产过程包含两种同时发生的过程,它既是产品的生产过程,又是文件记录的传递过程。产品的生产过程是指物料的投入,目标产物的生成以及后续处理的过程。文件记录传递过程包括由生产部门发出生产指令,确定批号和签发批生产记录,并在生产过程中由操作人员完成各种批生产记录、批包装记录;由检验人员完成检验记录以及由其他相关人员完成辅助记录(设备使用记录、清洁记录等),最后由质量管理人员对这些记录进行审核。

8.1.1 GMP 对生产管理的原则要求

①所有药品的生产和包装均应按照批准的工艺规程和操作规程进行操作并具有相关记录,以确保药品达到规定的质量标准,并符合药品生产许可和注册批准的要求;应尽可能避免出现任何偏离工艺规程或操作规程的偏差,一旦出现偏差,应按偏差处理操作规程执行。

②应建立划分产品生产批次的操作规程,生产批次的划分应能确保同一批次产品质量和特性的均一性;应建立编制药品批号和确定生产日期的操作规程,每批药品均应编制唯一的批号。

③每批产品应检查产量和物料平衡,确保物料平衡符合设定的限度;如有差异,必须查明原因,确认无潜在质量风险后,方可按照正常产品处理。

④不得在同一生产操作间同时进行不同品种和规格药品的生产操作,除非没有发生混淆或交叉污染的可能;在生产的每一阶段,应保护产品和物料免受微生物和其他污染。

⑤每次生产结束后应进行清场,确保设备和工作场所没有遗留与本次生产有关的物料、产品和文件。下次生产开始前,应对前次清场情况进行确认。

8.1.2 生产管理流程

生产管理流程如图8.1所示。

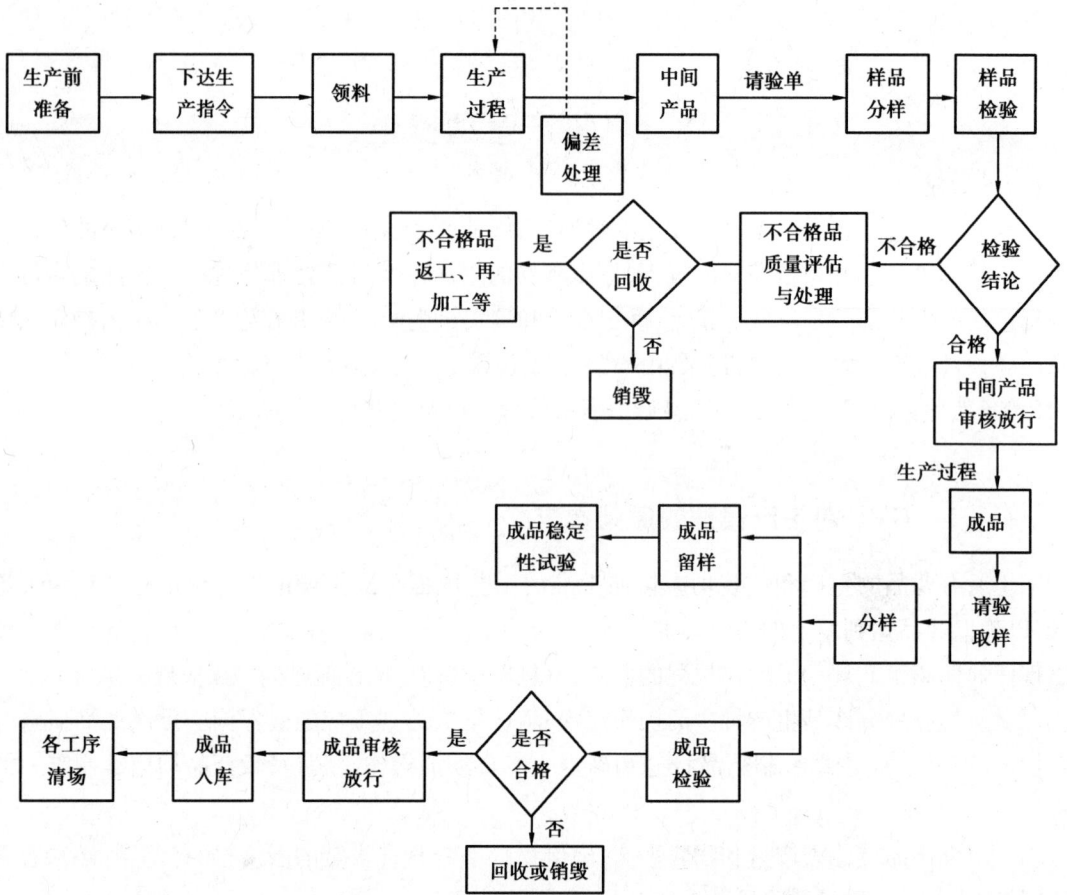

图 8.1 药品生产企业生产管理流程图

8.2 生产准备阶段的管理

8.2.1 生产前准备的内容

生产前准备主要包括批生产指令下达;生产批记录的发放;设备设施检查和清场确认;人员健康、卫生状况和胜任情况;物料领用及暂存;文件(含操作规程和相关操作记录)检查准备等。

8.2.2 生产准备阶段的技术要求

首先,根据生产/包装指令单,准备生产/包装工艺规程、标准操作规程及生产/包装批记录文件。各工序领取原辅料、中间产品、包装材料,应做好记录并办理交接手续。生产操作前,应核对物料或中间产品的身份信息和状态标识,确保生产所用物料或中间产品正确且符合要求;包装操作前,应检查所领用的包装材料正确无误,核对待包装产品和所用包装材料的名称、规格、数量、质量状态等是否与工艺规程相符。

①对制剂或原料药成品质量有影响的原辅料,在货源、批号改变时,应先进行小样试制,确证符合要求后填写小样试制合格报告单,经质量管理部门审核签署后方可投入生产。

②生产/包装操作开始前,操作人员必须对工艺卫生、设备设施进行检查和清场确认,检查内容包括:

a.检查生产或包装场所卫生是否符合该区域卫生要求。

b.更换品种及规格前要有"清场合格证",未取得"清场合格证"的不得进行另一个品种、同品种不同规格或不同批号产品的生产。

c.确保设备和工作场所没有上批遗留的产品、文件或与本批产品生产无关的物料,设备处于已清洁、待用状态,并有"设备清洁状态标识",检查结果应有记录。

d.正在检修或停用的设备应挂上"不得使用"的状态标识,检修完毕应由设备员验收合格并清洁干净、有"设备完好状态标识"才允许使用。

e.计量器具与称量范围相符,清洁完好,有"计量检定合格证"或"准用证",并在检验有效期内。

f.衡器、量具使用前应进行检查、校正,对生产上用于测定或测试的仪器、仪表,进行必要的调试。

8.3 生产过程的管理

8.3.1 批和生产日期

企业应建立编制药品批号和确定生产日期的操作规程。每批药品均应编制唯一的批号,有关批号的编制和管理见"第5章物料和产品"相关内容。

1)批

批是指经一个或若干加工过程生产的、具有预期均一质量和特性的一定数量的原辅料、包装材料或成品。为完成某些生产操作步骤,可能有必要将一批产品先分成若干亚批,最终合并成为一个均一的批。在连续生产情况下,批必须与生产中具有预期均一特性的确定数量的产品相对应,批量可以是固定数量或固定时间段内生产的产品量。

企业应建立必要的"药品批次管理"文件,建立划分产品生产批次的操作规程,对药品批次划分进行明确规定,应能通过批号追踪来审查该批药品的生产全过程。每个批次产品质量和特性应具有预期均一性,必要时应采取亚批或其他管理方式,确保潜在的质量差异可以在最终产品批号中明确区分,并在批记录中准确记录。

(1)原料药批次的划分原则

①连续生产的原料药,在一定时间间隔内生产的在规定限度内的均质产品为一批。

②间歇生产的原料药,可由一定数量的产品经最后混合所得的在规定限度内的均质产品为一批。

(2)无菌药品批次划分的原则

①大(小)容量注射剂以同一配液罐最终一次配制的药液所生产的均质产品为一批;同一批产品如用不同的灭菌设备或同一灭菌设备分次灭菌的,应可以追溯,成品的无菌检查必须按灭菌柜次取样检验。

②粉针剂以一批无菌原料药在同一连续生产周期内生产的均质产品为一批。

③冻干产品以同一批配制的药液使用同一台冻干设备在同一生产周期内生产的均质产品为一批。

④眼用制剂、软膏剂、乳剂和混悬剂等以同一配制罐最终一次配制所生产的均质产品为一批。

(3)其他药品批次划分的原则

①口服或外用的固体、半固体制剂在成型或分装前使用同一台混合设备一次混合所生产的均质产品为一批。

②口服或外用的液体制剂以灌装(封)前经最后混合的药液所生产的均质产品为一批。

2)生产日期

企业一般以产品生产投料的操作开始日期、产品成型或灌装(封)前经最后混合的操作开始日期作为生产日期,采用8位数字表示,如某制剂生产日期为"20120208",即该制剂是2012年2月8日生产的。除另有法定要求外,生产日期不得迟于产品成型或灌装(封)前经最后混合的操作开始日期,不得以产品包装日期作为生产日期。

8.3.2 生产过程的技术管理

1)工序关键控制点的监控

①岗位操作需按"工艺规程"所定的工艺条件和"标准操作规程"规定的操作方法进行并有相关记录,不准擅自变更操作内容。为确保产品符合有关标准,应对工艺过程实施中间控制和必要的环境监测,并予以记录。企业生产技术部门和车间工艺员还须按工艺检查制度定期进行工艺检查,并详细记录,保证工艺规程准确执行。工艺检查内容由企业按各岗位操作规程的要求,检查各工艺参数执行情况、洁净室(区)温度、相对湿度,并定期检查尘埃粒子数、微生物数、质量抽查记录、工艺卫生及批记录等。

②投料、计算、称量要有人复核,操作人、复核人均应签名。对特殊管理药品(毒、麻、精、放)应按国家有关规定执行。使用后剩余的散装原辅料应及时密封,由操作人在容器上注明启封日期,剩余数量、使用者;复核人签字后,由专人办理退库手续。再次启封使用时,应核对记录,检查外观性状,如发现有异常或性质不稳定的原辅料应再次送检,合格方可使用。

③不同品种或同一品种不同规格的生产操作不得在同一生产操作间同时进行,除非没有发生混淆或交叉污染的可能。同一品种同一规格不同批号的制剂生产及包装操作在同一操作室内进行时,应采取隔离或其他有效防止污染或混淆的设施。

④在干燥物料或产品,尤其是高活性、高毒性或高致敏性物料或产品的生产过程中,应采

取特殊措施,严格执行安全操作规程,防止粉尘的产生和扩散。

⑤各工序生产操作衔接要求严格执行生产指令,严格控制规定的生产时间。应尽可能避免出现任何工艺规程或操作规程的偏差。一旦出现偏差,应按照偏差处理操作规程执行。

⑥生产过程各关键工序要严格进行物料平衡,符合规定的范围方可继续下道工序操作;超出规定范围,要按偏差管理工作程序进行分析调查,采取措施要经质量管理部门批准,并在有关人员严格控制下实施。

⑦生产过程、中间产品都必须在质量管理部门质监员的严格监控下,各种监控凭证要纳入批记录背面;没有质监员签字发放相关放行凭证,不得继续下道工序操作。

⑧严格执行"卫生管理制度""清洁规程"及人净、物净程序。生产厂房仅限于经批准的人员出入。

2)定置管理及标识管理

（1）定置管理

①设备应按工艺流程合理布局,使加工物料按同一方向顺序流动,避免重复往返,且不遗漏任何工序。

②应划定足够的地面位置放置设备或在工作台(架)上定位,应有定置图或定位画线。设备定位应恰当,使平均占用地面面积或空间优化合理,不拥挤,便于加速物料流动,便于按规定用途操作,并使操作者体能消耗较小;一些设备可按移动式或半固定安装,以便于清洗和维修。在同一室内安装多台设备时,要考虑操作的方便和整体布局美观、合理。

（2）标识管理

①标识分类。企业常用的标识主要包括设备状态卡、计量器具状态标识、物料状态标识、清洁状态卡、生产状态卡等,见表8.1(物料标识的详细内容见"第5章物料与产品")。

表8.1 状态标识分类表

状态标识	分 类	色 标	含 义
设备状态卡	维修	红色	设备处于正在或待修理状态
	备用	绿色	设备处于完好状态、随时等待进行生产操作
	运行	绿色	设备正处于使用状态
	封存	红色	设备处于闲置状态
计量器具状态标识	合格	绿色	计量器具有标准检定规程并经检定合格
	准用	绿色	计量器具无检定规程但经校验合格
	限用	黄色	计量器具部分功能经校验合格
	禁用	红色	计量器具已损坏
物料状态标识	待验	黄色	表明所指示的物料和产品处于待验状态,不可用于正式产品的生产或发运销售
	合格	绿色	表明所指示的物料和产品为合格的物料或产品,可用于正式产品的生产使用或发运销售
	不合格	红色	表明所指示的物料和产品为不合格品,不得用于正式产品的生产或发运销售,需要进行销毁或返工、再加工
	已取样	白色	表明所指示的物料和产品已经被取样

续表

状态标识	分 类	色 标	含 义
清洁状态卡	已清洁	绿色	设备、容器等经过清洗处理,达到生产所需的状态
	待清洁	黄色	设备、容器等未经过清洗处理,未达到生产所需的状态
生产状态卡	经质监员确认允许生产后,生产状态卡悬挂在操作间门上,内容包括名称、批号、规格、数量、操作人、生产日期及班次		

②标识管理。生产期间使用的所有物料和产品的容器、主要设备及必要的操作室应当采用贴签或其他方式标明生产过程中的信息和质量状态,具有可追溯性,避免混淆和差错。所用标识应清晰明了,标识的格式应经企业相关部门批准。除在标识上使用文字说明外,还可采用不同的颜色区分被标识物的状态。

应检查产品从一个区域输送至另一个区域的管道和其他设备连接,确保连接正确无误。固定的管道可按《医药工业设备及管路涂色的规定》喷涂不同的颜色,与设备连接的主要管道应标明管内物料名称及流向。

各使用部门要做到标识计数领用,领用后的标识由各使用部门专人统一保管、发放使用。

所有标识应挂在或粘贴在醒目、不易脱落且不影响操作的部位;当设备状态改变时,要及时更换状态标识,避免发生使用错误。

3) 物料和产品的车间管理

(1) 备料管理

①领料。车间应按生产指令向仓库限额领用物料。车间物料员或班组收料人应检查质量管理部门发放的合格证、质量检验报告单,并核对物料的名称、规格、批号(或物料进厂代码)、数量等信息,包装完好才可收料。确认物料质量符合要求后,收料人应签收,并填写收料记录。

②放置。为避免物料的外包装上的尘埃和微生物污染操作环境,应在指定地点(即拆包间)除去外包装,对于不能除去外包装的物料应除去表面尘埃,擦抹干净后才能进入洁净区。进入无菌操作区物料需经消毒处理后方可进入,对直接接触药品的包装材料、容器应按生产工艺要求进行清洁或灭菌并作记录。

车间、小组领用的物料,应按定置管理要求各自放置在车间规定的存放区,按品种、规格、批号或物料进厂代码分别堆放,并有明显的标识;标签要加锁存放;存放区应清洁、干燥、不受污染。

③使用。物料使用前需核对物料的名称、规格、批号、厂名、数量、质量检验报告单等。需小样试制、试用的物料还需要试制(试用)合格报告单,符合要求后,方可按批备料。

应由指定人员按照操作规程进行配料,核对物料后,精确称量或计量,并作好标识,填写称料记录;称料人、复核人均签名;配制的每一物料及其质量或体积应由他人独立进行复核,并有复核记录。

④退库。在生产过程中,个别物料已经被开包,但生产中未使用完毕,又不适宜在车间岗位长期存放的物料需办理退库手续。

将物料恢复原包装,封口处理。如原包装已破坏,则选择合适的外包装,标明物料的名称、代码、批号、数量(毛重和净重)等信息。车间填写退库单,标明物料的名称、代码、批号、数量

（毛重和净重）、有效期或复验期等信息；将物料运至仓库，连同退库单一起交仓库。

仓库管理员按物料的接收程序检查物料是否符合要求，一般情况下还应核实物料质量、件数是否符合要求，双方签字确认。

如果物料符合要求，将退库物料与原批号（如果有未发的物料）放在一起，填写货位卡，登记建账；如果物料不符合要求，根据不符合的项目确定物料的处理流程。如包装不符合要求，但物料没有受到污染，可以由车间对物料重新进行包装、标识后再入库；如果物料已经受到污染，则作为不合格品处理；如果需要对物料进行检验，则重新取样，检验合格后再回原批号处贮存。

退库物料出库时遵循优先出库的原则。

（2）中间产品和待包装产品的管理

车间生产的中间产品和待包装产品，应在适当的条件下贮存，放置于中间站或规定区域，粘贴标签并标明待验状态。车间及时填写中间产品和待包装产品请验单，交质量管理部门取样检验。质量管理部门检验合格后填写检验报告单送交车间，中间产品和待包装产品可进入下一工序。

（3）成品的管理

包装好的产品，应置于车间的中间站或仓库的待验区，由车间向质量管理部门填交成品请验单，由质量管理部门取样检验，确认合格后，签发成品检验报告单，并经质量管理部门对批记录审核合格后签发成品发放单，车间办理入库手续。

检验不合格的产品的管理见"第5章物料与产品"中的有关内容。

（4）中间站的管理

中间站存放范围：包括中间产品、待包装产品、待重新加工产品、清洁的周转容器等，除上述范围以外的物品不得存放于中间站。中间站必须按"中间站清洁规程"进行清洁，并随时保持洁净，不得有散落的物料，地上散落的物料不得回收，进出中间站的物料和产品的外包装必须清洁、无浮尘。

进入中间站的物料和产品的容器外必须贴有标签，内容包括名称、规格、批号、质量（皮重、毛重、净重）或数量、本批容器数、加工状态、工序名称、操作日期、班次及经手人等。

中间产品在中间站要有明显标识，并按品种、批号码放整齐，不同品种、同规格、不同批号之间要有一定距离，物料和产品的容器应加盖。出入中间站必须有递交单，并且填写产品进出站台账。

（5）包装操作

对符合工艺规程要求，完成生产全过程并检验合格的产品可下达包装指令；某些产品因检验周期长，需要在检验结果出来前包装的产品，则允许先包装后再按待验寄库产品的规定处理。包装操作过程中需注意：

①每一包装操作场所或包装生产线，应有标识标明包装中产品的名称、规格、批号和批量等信息；有数条包装线同时进行包装时，应采取隔离或其他有效防止污染、交叉污染或混淆的措施。

②应对电子读码机、标签计数器或其他类似装置的功能进行检查，确保其准确运行。检查应有记录；包装材料上印刷或模压的内容应清晰，不易褪色和擦除。

③单独打印或包装过程中在线打印的信息(如产品批号或有效期)均应进行检查,确保其正确无误,并予以记录,如手工打印,应增加检查频次;使用切割式标签或在包装线以外单独打印标签,应采取专门措施,防止混淆。

④车间专职领取人员按标准实样核对名称、规格、批号和数量等信息,检查印刷质量,做好验收记录并负责保管;标签宜按品种、规格分类存放在车间专柜内,上锁保管,并有册登记;已印批号的标签,按批存放。

⑤产品分装、封口后应及时贴签,未能及时贴签时,应按照相关操作规程操作,避免发生混淆或贴错标签等差错;产品贴签工序由专人向车间领取标签,车间根据批包装指令限额发放,并填写领用记录。

⑥包装期间,产品的中间控制检查应至少包括下述内容:包装外观;包装是否完整;产品和包装材料是否正确;打印信息是否正确;在线监控装置的功能是否正常。

⑦样品从包装生产线取走后不应再返还,以防止产品混淆或污染;因包装过程产生异常情况而需要重新包装产品的,必须经专门检查、调查并由指定人员批准,重新包装应有详细记录。

⑧已印刷批号的标签,如有发剩的、残缺的标签,或该批号取消,或车间贴签工序有剩余标签,应由经手人会同质量管理部门人员监督销毁,并做好记录,经手人及监销人员审查签字;标签不得改作他用或涂改后再用。

⑨物料平衡检查中,发现待包装产品、印刷包装材料以及成品数量有显著差异时,应进行调查,未得出结论前,成品不得放行。

8.3.3 防止生产中的污染和交叉污染

避免污染和交叉污染最有效的手段就是将 GMP 的三要素(硬件、软件、人员)结合起来,从而降低产品质量风险。首先建立适宜相应产品生产使用的厂房、设施;组织一支训练有素的人员队伍(包括管理人员和生产人员);选购符合法规要求的物料;用经过验证的工艺和设备进行生产;对生产过程进行严格控制和质量管理。

1)厂房、设施

为降低污染和交叉污染的风险,厂房、生产设施和设备应根据所生产药品的特性、工艺流程及相应洁净度级别要求合理设计、布局和使用。如厂房、设施一般依据生产工艺流程的设计,防止原辅料、中间产品和待包装产品在进入下道工序时的路径出现交叉和迂回,造成混淆;应设置必要的气锁间和排风,空气洁净度级别不同的区域应有压差控制;应降低未经处理或未经充分处理的空气再次进入生产区导致污染的风险;产尘量大的房间不得通风,必须采用直排;采用隔离技术、局部吸尘的设备及捕尘设施等手段来防止尘埃产生和扩散。

2)人员

生产操作人员和管理人员需接受防止污染和交叉污染的技能培训。在生产区和辅助生产区进行生产操作的人员要严格进行控制,生产厂房应仅限于经批准的人员出入,防止操作人员行为不规范或外来人员造成的污染和交叉污染。

不同工序之间的人员一般不得互相流动,必要时应采取有效的措施,如产尘量大的工序之间的洁净工作服可选用不同的颜色,进入其他工序时应更换相应的洁净工作服。

在易产生交叉污染的生产区内,操作人员应穿戴该区域专用的防护服。在灌装线(胶囊充填、内包灌装区等)周围建立隔离区,将操作人员隔离在灌装区以外是避免人体污染的最好办法。

3) 工艺和设备

尽可能地使用密闭的生产设备,使用敞口设备时,必须采用相应的防护措施,如局部排风系统、除尘系统、层流保护等。生产过程中物料和产品的转移尽量在管道等密闭系统内进行,如利用位差、压差(真空、压缩空气)通过管道密闭转移物料和产品;转移设施应专用,交叉使用时应做好清洁验证;如不能实现密闭转移物料和产品,建议采用一次性无毒、洁净塑料袋密封后转移。

干燥设备、包衣设备的进风应有空气过滤器,且需对过滤效果进行验证,排风应有防止空气倒流装置。对于难以清洗的部件(如制粒用滤袋),建议分产品专用。

清洁设备的工具应专用,并同其他清洁工具分开存放;直接接触药品的清洁工具必须一次性使用;应采用经过验证或已知有效的清洁和去污染操作规程进行设备清洁;必要时,应对与物料直接接触的设备表面的残留物进行检测。

生产和清洁过程中应避免使用易碎、易脱屑、易发霉器具;使用筛网时,应有防止因筛网断裂而造成污染的措施。

4) 生产过程的控制

在分隔的区域内生产不同品种的药品,即同一房间内,同一时间,不得生产不同的品种、不同规格、不同批次的产品;有数条包装线同时包装时,应采取隔离或其他有效防止污染、交叉污染或混淆的措施。在生产过程中如有气体、蒸汽、喷雾物等产生时,应在厂房设计及设备造型时给予考虑,尽量降低交叉污染。

生产过程中的清场是防止污染和交叉污染的重要手段。除了符合清场管理中的要求(见下节内容)外,还应考虑非专用设备、管道、容器、工具应按规定拆洗或消毒;直接接触药品的设备及管道、工具、容器等应按验证确定的周期进行清洗或清理;每次生产开始前的生产前准备要做好检查工作,特别是上次生产结束后清场工作的检查。生产操作间、物料和产品、生产用设备器具的信息标识和状态标识要清晰、准确。

液体制剂的配制、过滤、灌封、灭菌等工序应在规定时间内完成;生产过程的时间要合理,传递要迅速,避免物料在某一工序特别是在工序和工序的衔接处滞留时间过长,防止污染和交叉污染的发生。软膏剂、乳膏剂、凝胶剂等半固体制剂以及栓剂的中间产品应规定贮存期和贮存条件。

8.4　清场阶段的管理

8.4.1　清场的技术要求

为了防止药品生产中不同批号、品种、规格之间的污染和交叉污染,防止混药事故的发生,各生产工序在生产结束、更换品种及规格或换批号前应进行清场,确保设备和工作场所没有遗留与本次生产有关的物料、产品和文件。下次生产开始前,应对前次清场情况进行确认。清场分为大清场和小清场两种。大清场是指换品种时或者连续生产一定批次后进行的清场;小清场是指同品种生产的批间清场和生产完工后的每日清场。清场的技术要求如下:

①地面无积尘、无结垢,门窗、室内照明灯、风管、墙面、开关箱外壳无积尘,室内不得存放与生产无关的物品。

②使用的工具、容器清洁无异物,无前次产品的残留物。

③设备内外无前次生产遗留的药品,无油垢。

④调换品种、规格时,必须对原料、辅料、包装材料、标签、说明书等的领用数、使用数和剩余数认真核对,核对无误后认真填写记录,对不再使用的原料、辅料、包装材料、标签、说明书要及时清场,返回库里。对印有批号的标签等包装材料不得涂改使用,应由专人负责及时销毁,并做好记录。

8.4.2　清场记录及清场合格证的管理

1)清场记录

清场结束后,清场应有清场记录。清场记录需要双人复核,检查结束后在清场记录上签字,清场记录内容包括操作间编号、产品的名称、批号、生产工序、清场日期、检查项目及结果、清场负责人及复核人签名。清场记录纳入批生产记录。包装清场记录一式两份,分别纳入本批包装记录和下一批包装记录之内。

2)清场合格证

清场结束由车间质量管理员复查,合格后发给"清场合格证"或者其他合适的方式证明清场合格。"清场合格证"一般有正本和副本两份,正本纳入本批产品的批生产记录中;副本作为下一个班次、下一批产品、另一个品种或同一品种不同规格产品的生产凭证之一,纳入下一批产品的批生产记录中。清场不合格、未通过质监员批准前不得进行另一个品种或者同一品种不同规格的生产。

·本章小结·

生产管理是 GMP 要求的各项技术标准及管理标准在生产过程中的具体实施。生产管理应具备有效性和高效性,通过采取有效措施,达到最大限度地降低药品生产过程中污染、交叉污染以及混淆、差错等风险的目的。本章重点介绍生产准备阶段、生产过程、清场阶段的管理技术。生产管理的重点包括:已经批准的生产工艺应是可验证的工艺;通过批次管理确保批产品的均质性和可追溯性;生产前的人员准备,物料、设备、设施检查,清场确认和文件准备等;通过生产技术文件的执行、批文件管理、生产准备阶段的管理、生产过程的管理和清场管理等确保生产持续稳定。

复习思考题

1. 简述生产管理的流程。

2. 各类药品批次划分的原则有哪些？

3. 生产过程中状态标识管理的要点有哪些？

4. 简述生产结束清场工作的重要性。

5. 防止生产中污染和交叉污染的关键控制点有哪些？

6. 甲氨蝶呤事件给我们哪些启示？谈一谈如何避免此类事故的发生。

第9章 确认、验证与自检

【学习目标】

1. 理解确认、验证与自检工作在制药生产中的重要性。
2. 掌握确认、验证的基本概念、分类及基本程序。
3. 掌握 GMP 对确认、验证与自检的原则要求。
4. 熟悉确认、验证与自检的主要内容。

案例导入

"验证"的由来

　　1970—1976 年,美国暴发了一系列注射剂感染引发的败血症病例。仅 1971 一年美国败血症病例数总计达 500 例左右。1970—1976 年,美国从市场撤回输液的事件超过600 起,410 名病人受到伤害,54 人死亡。频频出现的败血症案例及民众的强烈呼声使美国政府感受到了强大压力,FDA 成立了特别工作组,对美国的输液生产企业进行了全面调查。考虑到输液污染的原因比较复杂,工作组除政府药品监督员外,还特邀了生物专家及工程师参加。调查内容涉及以下 8 个方面:①水系统包括水源,水的预处理,纯化水、注射用水的生产,蒸汽系统及灭菌冷却水系统;②厂房及空调净化系统(HVAC);③灭菌柜的设计、结构及运行管理情况;④产品的最终灭菌情况;⑤氮气、压缩空气的生产、分配及使用情况;⑥与产品质量相关的公用设备;⑦仪表、仪器及实验管理室;⑧注射剂生产作业及质量控制的全过程。

　　调查结果表明,与败血症案例相关的批次并不是由于企业没做无菌检查或违反法规的条款将无菌检查不合格的批号投入市场,而在于无菌检查本身的局限性、设备或系统设计建造的缺陷及生产过程中的偏差及问题。1976 年,FDA 要求对大输液和小针剂的灭菌工艺进行验证,首次提出对生产工艺进行验证的要求,将验证的概念引入 GMP 中,使 GMP 内容得到了进一步完善。我国 1998 年版 GMP 第一次引入"验证",2010 年版GMP 又对其进行了完善及补充。

　　20 世纪 70 年代,欧美国家一些药品生产企业注射剂感染事故引发近千起败血症病例。FDA 认定感染事故原因在于无菌检查本身的局限性、设备和设计建造的缺陷以及生产过程中的各种偏差及问题。1976年,FDA要求对大输液和小针剂的灭菌工艺进行验证,将验证的概念引入GMP中,使GMP内容得到了进一步完善。药品质量与药品生产中各种因素有关,药品生产全过程需要"确认和验证"。确认是证明厂房、设施、设备能正确运行并可达到预期结果的一系列活动。验证是证明任何操作规程(或方法)、生产工艺或系统能够达到预期结果的一系列活动。确认和验证本质上意义相同,也可将确认看作验证的一部分。确认、验证与自检都是涉及药品生产全过程的质量活动,目标就是要证实在药品生产和质量控制中所用的厂房、设施、设备、原辅材料、生产工艺、质量控制方法以及其他有关的活动或系统,确实能达到预期目的。

9.1 确认和验证

确认和验证是质量保证的重要手段。企业的厂房、设施、设备和检验仪器应经过确认;生产工艺、操作规程和检验方法等应经过验证。

9.1.1 GMP对确认和验证原则要求

确认和验证在药品生产和质量保证中有着重要的地位和作用,GMP对确认和验证提出了原则性要求。

①企业应确定需要进行的确认或验证工作,以证明有关操作的关键要素能得到有效控制。确认或验证的范围和程度应经过风险评估来确定。

②企业的厂房、设施、设备和检验仪器应经过确认,应采用经过验证的生产工艺、操作规程和检验方法进行生产、操作和检验,并保持持续的验证状态。

③应建立确认与验证的文件和记录,并能以文件和记录证明达到预定的目标:设计确认应证明厂房、设施、设备的设计符合预定用途和本规范要求;安装确认应证明厂房、设施、设备的建造和安装符合设计标准;运行确认应证明厂房、设施、设备的运行符合设计标准;性能确认应证明厂房、设施、设备在正常操作方法和工艺条件下能够持续符合标准;工艺验证应证明一个生产工艺按照规定的工艺参数能够持续生产出符合预定用途和注册要求的产品。

④采用新的生产处方或生产工艺前,应验证其常规生产的适用性。生产工艺在使用规定的原辅料和设备条件下,应能始终生产出符合预定用途和注册要求的产品。

⑤当影响产品质量的主要因素(如原辅料、与药品直接接触的包装材料、生产设备、生产环境(或厂房)、生产工艺、检验方法等)发生变更时,应进行确认或验证。必要时,还应经药品监督管理部门批准。

⑥清洁方法应经过验证,证实其清洁的效果,以有效防止污染和交叉污染。清洁验证应综合考虑设备使用情况、所使用的清洁剂和消毒剂、取样方法和位置以及相应的取样回收率、残留物的性质和限度、残留物检验方法的灵敏度等因素。

⑦确认和验证不是一次性的行为。首次确认或验证后,应根据产品质量回顾分析情况进行再确认或再验证。关键生产工艺和操作规程应定期进行再验证,确保其能够达到预期结果。

⑧企业应制订验证总计划,以文件形式说明确认与验证工作的关键信息。验证总计划或其他相关文件中应作出规定,确保厂房、设施、设备、检验仪器、生产工艺、操作规程和检验方法

等能够保持持续稳定。

⑨应根据确认或验证的对象制订确认或验证方案,并经审核、批准。确认或验证方案应明确职责。确认或验证应按预先确定和批准的方案实施,并有记录。确认或验证工作完成后,应写出报告,并经审核、批准。确认或验证的结果和结论(包括评价和建议)应有记录并存档。

9.1.2 验证的分类

验证通常分为前验证、同步验证、回顾性验证和再验证4类。

1) 前验证

前验证是指一项工艺、一个过程、一种设备或一种材料在正式投入使用前按照设定的验证方案进行的试验验证。如果没有充分的理由,任何工艺、过程、设备或物料必须进行前验证。新品、新型设备及新生产工艺的引入应采用前验证的方式。前验证的成功是实现新工艺从开发部门向生产部门转移的必要条件。即使是比较简单的工艺,也必须至少完成一个批号的试生产。

2) 同步验证

同步验证指在某项工艺运行的同时进行的验证,即从工艺实际运行过程中获得的数据作为验证文件的依据,以证明某项工艺达到预定要求的一系列活动。这种验证风险较大,通常仅适用于生产工艺成熟的非无菌药品,同时要满足以下先决条件:有完善的取样计划,生产及工艺条件的监控比较充分;有经过验证的检验方法,方法的灵敏度及选择性比较好;对所验证的产品或工艺过程已有相当的经验及把握。

3) 回顾性验证

回顾性验证以历史数据的统计分析为基础证实正常生产的工艺条件等的适应性,常用于非无菌产品生产工艺的验证。回顾性验证以积累的生产、检验和其他有关历史资料为依据,分析工艺控制的全过程来证明控制条件的有效性。同前验证的几批或一个短时间运行获得的数据相比,回顾性验证所依托的资料比较丰富;从对大量历史数据的回顾分析可以看出工艺控制状况的全貌,因而其可靠性也更好。回顾性验证通常不需要预先制订验证方案,但需要一个比较完整的生产及质量监控计划,以便能够收集足够的资料和数据对生产和质量进行回顾性总结。

4) 再验证

再验证是对已经验证过的生产工艺、设施及设备、系统或物料在生产一定周期后进行的重复验证。再验证旨在证实已验证的状态没有发生飘移。关键设备大修或更换,趋势分析中发现有系统性偏差,生产作业有关的变更,程控设备经过一定时间的运行后都需要进行再验证。再验证通常分为以下3类。

(1)强制性再验证

强制性再验证是由药品监管部门或法规要求的再验证,如无菌操作的培养基灌装试验和计量器具的强制检定等。

(2)改变性再验证

药品生产过程中,由于各种原因需要对设备、系统、材料及管理或操作规程作某种变更,变更可能对产品质量造成重要的影响,需要进行验证,这类验证称为改变性再验证。

（3）定期再验证

由于有些关键设备和关键工艺对产品的质量和安全性起着决定性的作用,如无菌药品生产过程中使用的灭菌设备、关键洁净区的空调净化系统等,即使在设备及规程没有变更的情况下也应定期进行再验证。再验证的频率由各个企业自主决定,一般为1年1次。

9.1.3 设备确认

设备确认旨在对设备设计、选型、安装、运行等的准确性以及设备对产品工艺的适应性作出评估。所需确认的设备不只是生产设备,也包括共用设施(如纯化水系统、压缩空气系统和空气净化系统)和实验室分析仪器。

1)预确认

设计和选型属于设备的预确认,从性能、参数等多方面考查设备是否适合生产工艺、校正、维修保养、清洗等方面的要求。主要考虑因素有:设备性能如速度、装置范围等;符合GMP要求的材质;便于清洗的结构;设备零件、计量仪表的通用性和标准化程度;合格的供应商等。

2)安装确认

安装确认是为保证生产工艺所用的各种装置(如机器、测量设施、公用系统和生产区)按既定标准适当选择、正确安装并能运行而完成的各种检查和测试。安装确认方案应确认设计与实际安装相一致,安装确认方案必须在安装确认前批准,并由经过培训的人员执行安装确认。安装确认的具体工作通常包括以下内容:

（1）技术资料检查

通常由经过培训的人员检查审核供应商提供的图纸、设备清单、各类证书、说明书或手册(包括维护、操作及排除故障等),要仔细检查校验证书的内容,如有效期、范围、结果和校验证书编号等。

（2）图纸的核对

由经过培训的人员按照批准的图纸检查固定的管路上是否已明确地标明介质的流向和介质名称、设备是否贴有唯一的编号、关键仪表是否贴有校验标签、与公用系统(如压缩空气)的连接是否符合图纸要求、主要部件是否按照图纸进行安装、电气安装是否符合图纸要求、对产品质量有潜在影响的润滑剂是否符合要求。如果发现不一致,应在不一致的图纸上做醒目的红色标记,签字并注明日期,并按照偏差程序进行调查。所有由供应商提供的图纸必须精确地根据版本号控制和核实,所有图纸必须反映设备的装配情况。

（3）预防维护

应将该设备的预防维护加入企业预防维护管理系统中,并确认预防维护管理系统中输入的设备信息(如型号和规格)正确无误。应将该设备的校验加入企业校验管理系统中,并确认校验管理系统中输入的设备信息正确无误。必须由专业的安全和环保人员对设备的安全和环保状况进行检查,并签字确认。

3)运行确认

运行确认是确认所有可能影响产品质量的设备在各个方面都在预期的范围内运行。在进行运行确认前,必须确认:发生在安装确认过程中影响产品质量的偏差已经关闭;运行确认方案已经批准;运行确认过程中使用的设备或仪表必须经过校正并在校正期内。

4) 性能确认

性能确认是确认所有可能影响产品质量的设施、公用工程和设备在各个方面都满足要求。就生产设备而言,性能确认是指通过设备整体运行的方法,考查工艺设备运行的可靠性、主要运行参数的稳定性和运行结果重现性的一系列活动。

5) 示例

示例9.1 某企业旋转式压片机设备确认方案

1 确认项目名称

旋转式压片机设备确认。

2 确认目的:

通过对旋转式压片机设备确认,作出设备能否适应工艺要求的评估。

3 确认内容

(1)预确认:对照设备说明书,考查设备的主要性能参数是否适合生产工艺、维修及清洁等要求。

(2)安装确认:包括计量和性能参数的确认,确认该设备在规定的限度和承受能力下能正常持续运行。安装确认的内容:机器安装情况;环境情况;空气洁净度;辅助设施配套情况;机器调试情况;物料流量、压力、充填、片厚、速度调节装置;机器空运转试验;空运转状况;仪器仪表工作状况。

(3)运行确认:在完成设备安装确认后,根据规程确认设备能准确运行并达到规定的技术指标。运行确认的主要内容:性能指标;最大工作压片力;最大压片直径、产量;最大片剂厚度;最高转速不低于额定转速的95%;轴承在传动中的升温;空载噪声;液压系统;片剂成品指标、外观、厚度、硬度;片重差异;电器安全指标;电器系统绝缘电阻、耐压试验、接地电阻;调节装置的性能;物料流量调节装置;压力、充填、片厚、速度调节装置;安全保护装置性能;压力、电流过载保护装置;故障报警装置;压片工作室状况;技术、工艺文件;技术图纸等。

(4)性能确认:在运行试验稳定的情况下,对资料汇总、分析后,报请有关领导审批同意,进行性能确认。用空白颗粒模拟实际生产情况进行试车。性能确认的主要内容:片剂质量、外观、厚度、硬度;片重差异;运行质量;吸粉质量;充填质量;运转质量;操作质量;维护保养情况;清洗情况;装拆情况;保养情况。

9.1.4 工艺验证

工艺验证用以证明一个生产工艺按照规定的工艺参数能够持续生产出符合预定用途和注册要求的产品。采用新的生产处方或生产工艺前,应验证其常规生产的适用性。生产工艺在使用规定的原辅料和设备条件下,应能始终生产出符合预定用途和注册要求的产品。

1) 工艺设计验证

工艺设计目标是设计一个适合于日常商业化生产的工艺,能够始终如一地生产出满足其关键质量属性的产品。工艺设计首先要筛选合理的处方和工艺,然后进行工艺验证,最后通过稳定性试验获得必要的技术数据以确认工艺处方的可靠性和重现性。工艺设计验证主要包括确定关键的工艺变量、失败边缘、建立PAR(经过确认的可接受范围)、测定工艺变量之间的相互关系。工艺设计验证的要素是指关键的产品质量特性、关键的工艺参数以及工艺的耐用性。

工艺设计验证运行次数取决于工艺的复杂性或工艺变更的大小。一般来说，在初步完成处方筛选和确认工艺路线后进行3~5个试制批次供临床申报，连续成功批次不得少于3批。通过不少于3个月加速稳定性试验和长期稳定性试验写出总结报告作为对生产处方、工艺条件合理与否的技术支持数据。

2) 工艺验证

注册批准的工艺在投入正式生产前要进行工艺验证，证明其能够进行重复性的商业化生产。用于评估物料和产品的分析实验和方法须被验证。工艺使用的设施、设备和仪器须被确认，仪表须被校验。

工艺验证通常需要连续3个验证批。新产品的工艺验证可与产品从中试向商业化生产移交一起进行。如果设备为新设备，产品为非无菌药品时，可根据情况将设备确认与工艺验证结合在一起进行，以减少人力、物力资源的耗费。

3) 持续工艺验证

持续工艺验证的目标是持续保证工艺能保持在持续受控状态(验证的状态)。必须收集和分析与产品质量相关的工艺数据，所收集的数据应能证明产品的关键质量属性在整个工艺过程中处于持续受控状态。

生产中的缺陷投诉、工艺偏差报告、工艺收率变异、批记录、操作者的错误、到货原料记录以及不良事件记录应及时评估，应根据评估结果确定可能的工艺漂移趋势，然后进行工艺改进并协调任何纠正或后续行动。当工艺、仪器、设备或原辅料的变更影响产品效力或产品特性时须再验证。同时须定期评估设备、系统、仪器和工艺包括清洁是否符合验证状态。

9.1.5　分析方法验证

分析方法验证的目的是证明采用的方法适合于相应检测要求。为保证检验结果准确可靠，必须对分析方法进行验证。在建立药品质量标准时，分析方法需经验证；在药物生产工艺变更、制剂的组分变更、原分析方法进行修订时，则质量标准分析方法也需进行验证。分析方法验证理由、过程和结果均应记载在药品标准起草或修订说明中。需验证的分析项目有鉴别试验，杂质定量检查或限度检查，原料药或制剂中有效成分含量测定，以及制剂中其他成分(如防腐剂等)的测定。药品溶出度、释放度检查中，其溶出量方法也应作必要验证。

分析方法验证内容有：准确度、精密度(包括重复性、中间精密度和重现性)、专属性、检测限、定量限、线性、范围和耐用性等。

1) 准确度

准确度是指用该方法测定的结果与真实值或参考值接近的程度，一般用回收率(%)表示。

(1) 含量测定方法的准确度

原料药可用已知纯度的对照品或样品进行测定来验证，或用本法所得结果与已知准确度的另一方法测定的结果进行比较。制剂可用含已知量被测物的各组分混合物进行测定来验证。如不能得到制剂的全部组分，可向制剂中加入已知量的被测物进行测定，用本法所得结果与已知准确度的另一个方法测定结果进行比较。

（2）杂质定量测定的准确度

可向原料药或制剂中加入已知量杂质进行测定来验证。如果不能得到杂质或降解产物，可用本法测定结果与另一成熟的方法进行比较，如药典标准方法或经过验证的方法。

数据要求：在规定范围内，至少用 9 个测定结果进行评价，例如，设计 3 个不同浓度，每个浓度各分别制备 3 份供试品溶液，进行测定。应报告已知加入量的回收率（％），或测定结果平均值与真实值之差及相对标准偏差或可信限。

2）精密度

精密度是指在规定的测试条件下，同一个均匀样品，经多次取样测定所得结果之间的接近程度。精密度一般用偏差、标准偏差或相对标准偏差表示。

在相同条件下，由一个分析人员测定所得结果的精密度称为重复性；在同一个实验室，不同时间由不同分析人员用不同设备测定结果的精密度，称为中间精密度；在不同实验室由不同分析人员测定结果之间的精密度，称为重现性。含量测定和杂质的定量测定应考虑方法的精密度。

（1）重复性

在规定范围内，至少用 9 个测定结果进行评价。例如，设计 3 个不同浓度，每个浓度各分别制备 3 份供试品溶液，进行测定，或将相当于 100％ 浓度水平的供试品溶液，用至少测定 6 次的结果进行评价。

（2）中间精密度

为考察随机变动因素对精密度的影响，应设计方案进行中间精密度试验。变动因素为不同日期、不同分析人员、不同设备。

（3）重现性

法定标准采用的分析方法，应进行重现性试验。如建立药典分析方法时，通过协同检验得出重现性结果。协同检验的目的、过程和重现性结果均应记载在分析方法起草说明中。应注意重现性试验用的样品本身的质量均匀性和贮存运输中的环境影响因素，以免影响重现性结果。

精密度验证数据要求：均应报告标准偏差、相对标准偏差和可信限。

3）专属性

专属性是指在其他成分（如杂质、降解产物、辅料等）可能存在下，采用的方法能正确测定出被测物的特性。鉴别反应、杂质检查和含量测定方法，均应考察其专属性。如方法不够专属，应采用多个方法予以补充。

鉴别反应应能与可能共存的物质或结构相似化合物区分。不含被测成分的供试品，以及结构相似或组分中的有关化合物，应均呈负反应。

含量测定和杂质测定若用色谱法或其他分离方法，应尽可能附代表性图谱，以说明方法的专属性，并应标明诸成分在图中的位置，色谱法中的分离度应符合要求。

在杂质可获得的情况下，对于含量测定，试样中可加入杂质或辅料，考察测定结果是否受干扰，并可与未加杂质和辅料的试样比较测定结果。在杂质或降解产物不能获得的情况下，可将含有杂质或降解产物的试样进行测定，与另一个经证明了的方法或药典方法比较结果。

4）检测限

检测限是指试样中被测物能被检测出的最低量。药品的鉴别试验和杂质检查方法，均应通过测试来确定分析方法的检测限。常用的方法有非仪器分析目视法和信噪比法。

非仪器分析目视法即用已知浓度的被测物,试验出能被可靠地检测出的最低浓度或量。

信噪比法用于能显示基线噪声的分析方法,即把已知低浓度试样测出的信号与空白样品测出的信号进行比较,算出能被可靠地检测出的最低浓度或量。应附测试图谱,说明测试过程和检测限结果。

5) 定量限

定量限是指样品中被测物能被定量测定的最低量,其测定结果应具有一定准确度和精密度。杂质和降解产物用定量测定方法研究时,应确定方法的定量限。常用信噪比法确定定量限。一般以信噪比为 10∶1 时相应浓度或注入仪器的量确定定量限。

6) 线性

线性是指在设计的范围内,测试结果与试样中被测物浓度直接成正比关系的程度。应在规定的范围内测定线性关系。可用一储备液经精密稀释,或分别精密称样,制备一系列供试样品的方法进行测定,至少制报 5 份供试样品。以测得的响应信号作为被测物浓度的函数作图,观察是否呈线性,再用最小二乘法进行线性回归。必要时,响应信号可经数学转换,再进行线性回归计算。应列出回归方程、相关系数和线性图。

7) 范围

范围是指能达到一定精密度、准确度和线性,测试方法适用的高低限浓度或量的区间。

范围应根据分析方法的具体应用和线性、准确度、精密度结果和要求确定。原料药和制剂含量测定,范围应为测试浓度的 80% ~ 120%;制剂含量均匀度检查,范围应为测试浓度的70% ~ 130%,根据剂型特点,如气雾和喷雾剂,范围可适当放宽;溶出度或释放度中的溶出量测定,范围应为限度的 ±20%,即下限的 −20% 至上限的 +20%;杂质测定,范围应根据初步实测,拟订出规定限度的 ±20%。如果含量测定与杂质检查同时测定,用百分归一化法,则线性范围应为杂质规定限度的 −20% 至含量限度(或上限)的 +20%。

8) 耐用性

耐用性是指在测定条件有小的变动时,测定结果不受影响的承受程度,分析方法可用于常规检验提供依据。研究建立方法时,应考虑其耐用性。如果测试条件要求苛刻,则应在方法中写明。典型的变动因素涉及被测溶液的稳定性,样品的提取次数、时间等。例如,液相色谱法中典型的变动因素有流动相的组成和 pH 值,同类型色谱柱有不同厂牌或不同批号,柱温、流速等。气相色谱法变动因素有不同厂牌或不同批号的色谱柱或固定相、不同类型的担体,柱温、进样口和检测器温度等。经试验验证,应说明小的变动能否通过系统适用性试验,以确保分析方法有效。

9.2 自 检

自检是指制药企业对机构与人员、厂房与设施、设备、物料与产品、确认与验证、文件管理、生产管理、质量控制与质量保证、委托生产与委托检验、产品发运与召回等项目定期进行检查。自检是企业内部管理的一种重要的管理手段,是对质量管理体系的自我检查。企业可指定人员进行独立、系统、全面的自检,也可由外部人员或专家进行独立的质量审计。

9.2.1　自检管理要求

制药企业应制订年度自检计划,内容包括自检目的和范围,自检依据,自检安排等。自检应当有记录。自检完成后应有自检报告,内容至少包括自检过程中观察到的所有情况、评价的结论以及提出纠正和预防措施的建议。自检情况应报告企业高层管理人员。

质量管理负责人负责自检工作的协调、管理工作,审核自检年度计划,批准自检报告,向公司管理层报告自检结果;质量管理部门负责公司自检年度计划的制订,提出自检小组名单,组建自检小组,组织对不符合项纠正和预防措施进行确认;自检组长负责自检活动,提交自检报告;被检查部门在职责范围内协助自检,负责本部门不合格项的纠正和预防措施的制订和实施。

1) 自检频次

一般情况下,每年进行 2~3 次自检,自检时间间隔不得超过 6 个月,有下列情况之一时,应及时调整或增加自检频次:

①公司组织机构,产品剂型、生产工艺,生产设施和设备等发生重大变化时。

②有重大质量事故发生、出现严重的质量投诉或受到国家药品监督管理部门的警告时。

③外部环境发生重大变化时,如法律、法规、规范标准及其要求发生变更。

④公司的生产质量管理程序进行了重大修改时。

⑤接受国家药品 GMP 认证检查前。

2) 自检依据

自检依据有国家有关的法律、法规、标准和要求,如《药品管理法》《药品生产质量管理规范》《中国药典》等;生产质量管理文件,包括程序文件及其他管理文件等。

3) 自检的范围

自检的范围包括机构与人员,厂房与设施、设备,物料与产品,确认与验证,文件管理,生产管理,质量控制与质量保证,委托生产与委托检验,产品发运与召回以及上一次自检不符合项纠正和预防措施落实情况。

9.2.2　自检程序

自检工作必须由经过培训的人员执行,自检人员必须与被检查对象无直接责任关系。

1) 自检启动

自检组长分配自检小组成员的检查任务,自检组长依据年度自检计划安排,编制《自检实施计划》,报质量管理部门批准后下发到有关部门与人员。《自检实施计划》的内容包括自检目的,自检依据,自检小组组成与分工,自检范围、内容、要求、时间安排等。如采用集中式自检还应规定首、末次会议时间及参加人员等内容。

2) 自检准备

自检小组组长依据本次的《自检实施计划》组织自检小组成员编制《检查表》《自检不符合

项报告》,准备自检所依据的文件。

3) 首次会议

自检组长主持召集自检组成员、受检查部门负责人、企业负责人及其他有关人员召开首次会议,宣读《自检实施计划》并对自检作出必要的说明。

4) 现场检查

自检员根据《自检实施计划》和《检查表》进行现场检查,并记录在《检查表》上,检查中发现的缺陷项目在《自检不符合项报告》上客观描述,并让受检查部门负责人签字确认。

5) 自检报告

现场检查(包括程序文件检查)完成后,自检组长召集自检员对本次自检情况进行综合分析、确定《自检报告》。

6) 末次会议

自检小组成员、受检查部门负责人以及有关人员参加末次会议,通报自检结果。末次会议结束后,自检组长将《自检报告》《自检不符合项报告》《检查表》等全部自检文件移交质量管理部门,质量管理部门将《自检不符合项报告》分发至责任部门或人员。

7) 纠正和预防措施的实施

有关部门收到《自检不符合项报告》后,分析不符合项产生的原因,提出纠正和预防措施,报质量管理部门后实施,质量管理部门安排自检员进行纠正和预防措施的跟踪确认。

· 本章小结 ·

确认与验证是证明任何程序、生产过程、设备、物料、活动或系统确实能达到预期结果的有文件证明的一系列活动。确认与验证是 GMP 的重要组成部分,应根据药品生产的工艺要求、复杂性等因素选择合理的方法对设施、设备、工艺、清洁和灭菌方法、检验方法、计算机化系统进行确认与验证。应通过生产过程控制、变更控制、再验证等方式保持工艺和设备在持续的验证状态。自检是企业内部管理的一种重要的管理手段,有助于质量管理体系的改进和完善。自检的范围包括机构与人员,厂房与设施、设备,物料与产品,确认与验证,文件管理,生产管理,质量控制与质量保证,委托生产与委托检验,产品发运与召回以及上一次自检不符合项纠正和预防措施落实情况。

复习思考题

1. 简述验证的分类。
2. 在何种情况下需要再验证?
3. 自检管理要求有哪些?

参考文献

[1] 王晓杰. 药品质量管理[M]. 北京:化学工业出版社,2008.

[2] 梁毅. 药品生产企业 GMP 实务[M]. 北京:军事医学科学出版社,2003.

[3] 贠亚明. 药品质量管理技术[M]. 北京:化学工业出版社,2005.

[4] 杨永杰. 制药企业管理概论[M]. 北京:化学工业出版社,2005.

[5] 范松华. 药品 GMP 实务[M]. 北京:化学工业出版社,2009.

[6] 国家食品药品监督管理局药品安全监管司. 药品生产质量管理规范(2010 年修订)培
训教材[M]. 天津:天津科学技术出版社,2011.

[7] 朱宏吉. 制药设备与工程设计[M]. 北京:化学工业出版社,2009.

[8] 何思煌. 药品生产质量管理[M]. 北京:中国医药科技出版社,2009.

[9] 国家药典委员会. 中华人民共和国药典(2010 年版)[M]. 北京:中国医药科技出版
社,2010.

[10] 中国化学制药工业协会,等. 药品生产质量管理规范实施指南 2001[M]. 北京:化学
工业出版社,2001.

[11] 中国医药质量管理协会. 药品生产质量管理规范(2010 年修订版)[M]. 北京:人民
卫生出版社,2011.

[12] 劳动和社会保障部职业技能鉴定中心. 国家职业技能鉴定教程[M]. 北京:现代教育
出版社,2009.

[13] 周进东. 药品生产企业经营管理与实务[M]. 北京:人民卫生出版社,2010.

[14] 中国医药工程设计协会. 医药工业洁净厂房设计规范[M]. 北京:中国计划出版
社,2009.

[15] 万春艳. 药品经营质量管理规范(GSP)实用教程[M]. 北京:化学工业出版社,2008.

[16] 国家食品药品监督管理局药品认证管理中心. 药品 GMP 指南[M]. 北京:中国医药
科技出版社,2011.

[17] 梁毅. GMP 教程[M]. 北京:中国医药科技出版社,2003.

[18] 段立华. 制药企业管理与 GMP 实务[M]. 北京:化学工业出版社,2013.

[19] 杨永杰、段立华. 制药企业管理与 GMP 实施[M]. 北京:化学工业出版社,2012.